SHODENSHA SHINSHO

観音経入門

――悩み深き人のために

松原泰道

祥伝社新書

本書は、ＮＯＮＢＯＯＫ「観音経入門」（一九七二年、小社刊）を新書化したものです。

初版時のまえがき

「般若心経《はんにゃしんぎょう》」を学ぶと、つづいて「観音経《かんのんきょう》」を知りたくなります。「般若心経」で「空《くう》」の知恵に目ざめて、〝人間が人間になる〟教えを学びました。しかし、〝般若の知恵〟を身体で受けとめないかぎり、ともすると哲学的理解にとどまり、観念論になる危険があって、実行が伴わないきらいがあります。

そのときはわかったようでも、経典から目を放《はな》したとたんに、もとの木阿弥《もくあみ》になってしまいがちです。加えて、思いもよらぬ災難にあったり、内からの欲望に振りまわされるのが現実の生活です。そうなると、わかっていても、つい目先だけの幸福を追求することになります。といって、世間を離れて修行することは、実際には容易でありません。かくして、どろどろの生活の中に、なんとかして安らぎを得たいとあせっているのが、私たちの現実の姿です。

このあせりを、なだめすかして現実的な欲望を尊厳な人間性自覚の願いにまで高めさせようと、手を代え品を代えて説きすすめられるのが、「観音経」です。「般若心経」における〝知恵〟の象徴の「観自在菩薩《かんじざいぼさつ》」が、「観音経」では〝慈悲〟の象徴の「観世音菩薩《かんぜおんぼさつ》」と名を変え、〝観音さま〟の愛称で私たちと出会われるのです。そして、つねに私どもの寄辺《よるべ》になってくださるのです。

機械文明の極点に追いあげられ、干《ひ》からびた物質生活を強要されている私たちが、ふと空《むな》しさを感じたとき、心の奥底から「人間の原点の〝愚〟に帰りたい」との叫びを聞きます。

霊鷲山《りょうじゅせん》で「般若心経」を説き終えられた釈尊《しゃくそん》が、深い思索の後に「法華経《ほけきょう》」を説かれたのも、後世における人間のこの悲痛な声を観《かん》じられたからでしょう。ここに釈尊は、「般若経」とは打って変わって、多くの譬喩《ひゆ》をつかって語られるのです。

「般若心経」が「般若経」の真髄《エキス》であるように、「観音経」は「法華経」のこころです。

釈尊は、人生の難関で、一心に観音の名を唱《とな》えるよう教えられますが、その観音さまこそ、実は、私たちのどろどろの煩悩《ぼんのう》の底に埋《うず》みこめられていた〝尊厳な人間性〟つまり、〝もう一人の自分〟にほかならないと教えられます。観音さまとは、〝称名《しょうみょう》する自分自身である〟と最後に気づかしめられるのが「観音経」です。

現代の不安の中で安らぎの場を発見するために、『自己開発』をすすめる「観音経」を知る必要を感じて本書を書きましたが、ただ、一人でも多く「観音経」を誦《よ》もうとのお心が生まれるのを念ずるしだいです。

昭和四十七年七月

松原泰道《まつばらたいどう》

目次

「妙法蓮華経観世音菩薩普門品偈（観音経偈文）」全文　12
「観音経偈文」現代語訳　15

第一部　「観音経《かんのんきょう》」とは、どんなお経か——19

(1)　観音《かんのん》とは何か？……20
経の真理を二十七年目でさとった白隠禅師《はくいんぜんじ》　24
汚ない左手と仏陀《ぶっだ》の右手——合掌の意味　35
献花《けんか》・供養《くよう》・回向《えこう》は生者のためにある　40

カミュ「自殺か、それとも再起か?」 42
般若心経は知性、観音経は情的面に訴える 47
(2) 今、あなたは幸福といえるか? …… 52
〝現世利得〟とは〝一心になる〟ことの結果だ 52
「慈悲」とは裏切られても深まる「愛」 55
むなしさからの出発が大切 67
観音巡礼とは自己再発見の旅 70
第二部 「観音経」偈文《げもん》598文字を読む —— 73
(1) 今、何をなすべきか …… 76
苦悩を秘めた微笑「妙相《みょうそう》」 77
「信じる」というほんとうの行為とは? 82
「心配」とは「心を配《くば》る」ことだ 86

(2) 姿と心を調《ととの》える……91
蘇東坡《そとうば》――「観音は誰を拝んでいる?」 92
人生苦と災難は別のものではない 95
(3) 火難《かなん》――怒りについて……97
絶対の真理――「生ある者は滅びる」 100
「火難は怒り、自分まで焼き殺す」 104
(4) 水難――愛欲について……106
人にはそれぞれ「死の縁」がある 106
「その名を呼べ、こえをかぎりに……」 109
(5) 成功と失敗……112
「死の縁」「生の縁」を語る『壺坂霊験記《つぼさかれいげんき》』 113
すべてをあたりまえとする危険な思考 116

目次

(6) **盗難——煩悩《ぼんのう》とは** …… 120
「苦しみ悶《もだ》えて死ぬことも一段の風流」 123
盗難とは、本能に理性が負けること 126

(7) **刀《とう》・囚難《しゅうなん》——「解脱《げだつ》」ということ** …… 129
「苦しみに泣いたおかげで……」 135
性欲、本能に溺れるのも「王難」の一つ 137

(8) **人間らしさということ** …… 141
鈴木大拙《だいせつ》「機心《きしん》は創造心を失う」 142
便利になって大切なものをなくす 144

(9) **鬼《き》難——怨《うら》みと中傷** …… 146
中傷も怨《うら》みも一時的なものだ 151
「涅槃《ねはん》」とは寂《しず》けさ、平安なこころ 156

(10) 怒りと欲望……159
「爪牙《そうが》」とは猛烈な我欲の象徴 160
煩悩は無尽だが、人間を深める肥料 167
(11) 風雅——急ぐこと・焦《あせ》ること……170
「魔がさす」とは卑怯な言い逃れだ 170
一本の雑草が青年の人生を変えた…… 171
(12) 「忍耐」の意味……174
「憂《う》き世《よ》」を明るく生きる秘訣 178
「忍耐」とは「待つこと・考えること」だ 184
(13) 人間の〝業《ごう》〟……188
梅原猛《うめはらたけし》氏の大胆な『地獄の思想』 189
「餓鬼《がき》」とは永遠の欲求不満のこと 198

選ぶ自由のない関係「親と子」　213

(14) **厳《きび》しいこと・美しいこと**……225
厳しさに美があってこそ、人は近づく　226
「人は悪を犯さなければ生きられない」　228

(15) **失意と悲しみのとき**……235
観るとは思うこと、つかむこと　236
目で聞き、耳で観よ——五観五音の考え方　238

(16) **不安におそわれるとき**……245
〝なぜ？〟を人に問うより、自分に問え　245
「はい」の返事は、もう一人の自分への呼びかけ　247

「妙法蓮《みようほうれん》華《げ》経《きよう》観世音《かんぜおん》菩薩《ぼさつ》普門品《ふもんぼん》偈《げ》（観音経偈文）」全文

①世尊《せそん》妙相《みようそう》具《ぐ》　我今《がこん》重問《じゆうもん》彼《ぴ》　仏子《ぶつし》何因縁《がいんねん》　名為《みようい》観世音《かんぜおん》

②具足《ぐそく》妙相尊《みようそうそん》　偈答《げとう》無尽意《むじんに》　汝聴《によちよう》観音行《かんのんぎよう》　善応《ぜんのう》諸方所《しよほうじよ》

③弘誓《ぐぜい》深如海《じんによかい》　歴劫《りやくごう》不思議《ふしぎ》　侍多《じた》千億仏《せんのくぶつ》　発大《ほつだ》清浄願《しようじようがん》

④我為《がい》汝略説《によりやくせつ》　聞名《もんみよう》及見身《ぎゆうけんしん》　心念《しんねん》不空過《ふくうか》　能滅《のうめつ》諸有苦《しよううく》

⑤仮使《けし》興害意《こうがいい》　推落《すいらく》大火坑《だいかきよう》　念彼《ねんぴ》観音力《かんのんりき》　火坑《かきよう》変成池《へんじようち》

⑥或漂《わくひよう》流巨海《りゆうこかい》　龍魚《りゆうぎよ》諸鬼難《しよきなん》　念彼《ねんぴ》観音力《かんのんりき》　波浪《はろう》不能没《ふのうもつ》

⑦或在《わくざい》須弥峯《しゆみぶ》　為人《いにん》所推堕《しよすいだ》　念彼《ねんぴ》観音力《かんのんりき》　如日《によにち》虚空住《こくうじゆう》

⑧或被《わくひ》悪人逐《あくにんちく》　堕落《だらく》金剛山《こんごうせん》　念彼《ねんぴ》観音力《かんのんりき》　不能《ふのう》損一毛《そんいちもう》

⑨或値《わくち》怨賊遶《おんぞくによう》　各執《かくしゆう》刀加害《とうかがい》　念彼《ねんぴ》観音力《かんのんりき》　咸即《げんそく》起慈心《きじしん》

⑩或遭王難苦《わくそうおうなんく》　臨刑欲寿終《りんぎょうよくじゅしゅう》　念彼観音力《ねんぴかんのんりき》　刀尋段段壊《とうじんだんだんえ》

⑪或囚禁枷鎖《わくしゅうきんかさ》　手足被杻械《しゅそくひちゅうかい》　念彼観音力《ねんぴかんのんりき》　釈然得解脱《しゃくねんとくげだつ》

⑫呪詛諸毒薬《しゅそしょどくやく》　所欲害身者《しょよくがいしんしゃ》　念彼観音力《ねんぴかんのんりき》　還著於本人《げんじゃくおほんにん》

⑬或遇悪羅刹《わくぐうあくらせつ》　毒龍諸鬼等《どくりゅうしょきとう》　念彼観音力《ねんぴかんのんりき》　時悉不敢害《じしつぶかんがい》

⑭若悪獣囲遶《にゃくあくじゅういにょう》　利牙爪可怖《りげそうかふ》　念彼観音力《ねんぴかんのんりき》　疾走無辺方《しっそうむへんぽう》

⑮蚖蛇及蝮蝎《がんじゃぎゅうふっかつ》　気毒煙火燃《けどくえんかねん》　念彼観音力《ねんぴかんのんりき》　尋声自廻去《じんしょうじえこ》

⑯雲雷鼓掣電《うんらいくせいでん》　降雹澍大雨《ごうばくじゅだいう》　念彼観音力《ねんぴかんのんりき》　応時得消散《おうじとくしょうさん》

⑰衆生被困厄《しゅじょうひこんやく》　無量苦逼身《むりょうくひっしん》　観音妙智力《かんのんみょうちりき》　能救世間苦《のうくせけんく》

⑱具足神通力《ぐそくじんづうりき》　広修智方便《こうしゅうちほうべん》　十方諸国土《じっぽうしょこくど》　無刹不現身《むせつふげんしん》

⑲種種諸悪趣《しゅじゅしょあくしゅ》　地獄鬼畜生《じごくきちくしょう》　生老病死苦《しょうろうびょうしく》　以漸悉令滅《いぜんしつりょうめつ》

⑳真観清浄観《しんかんしょうじょうかん》　広大智慧観《こうだいちえかん》　悲観及慈観《ひかんぎゅうじかん》　常願常瞻仰《じょうがんじょうせんごう》

㉑無垢《むく》清浄光《しょうじょうこう》　慧日《えにち》破諸闇《はしょあん》　能伏《のうふく》災風火《さいふうか》　普明《ふみょう》照世間《しょうせけん》

㉒悲体《ひたい》戒雷震《かいらいしん》　慈意《じい》妙大雲《みょうだいうん》　澍甘露《じゅかんろ》法雨《ほうう》　滅除《めつじょ》煩悩燄《ぼんのうえん》

㉓諍訟《じょうしょう》経官処《きょうかんしょ》　怖畏《ふい》軍陣中《ぐんじんちゅう》　念彼《ねんぴ》観音力《かんのんりき》　衆怨《しゅうおん》悉退散《しつたいさん》

㉔妙音《みょうおん》観世音《かんぜおん》　梵音《ぼんのん》海潮音《かいちょうおん》　勝彼《しょうひ》世間音《せけんのん》　是故《ぜこ》須常念《しゅじょうねん》

㉕念念《ねんねん》勿生疑《もっしょうぎ》　観世音《かんぜおん》浄聖《じょうしょう》　於苦悩《おくのう》死厄《しやく》　能為《のうい》作依怙《さえこ》

㉖具一切《ぐいっさい》功徳《くどく》　慈眼《じげん》視衆生《じしゅじょう》　福聚海《ふくじゅかい》無量《むりょう》　是故《ぜこ》応頂礼《おうちょうらい》

爾時《にじ》持地菩薩《じじぼさつ》　即従座起《そくじゅうざき》　前白仏言《ぜんびゃくぶつごん》　世尊《せそん》　若有衆生《にゃくうしゅじょう》

聞是《もんぜ》観世音菩薩品《かんぜおんぼさつぼん》　自在之業《じざいしごう》　普門示現《ふもんじげん》　神通力者《じんづうりきしゃ》

当知是人《とうちぜにん》　功徳不少《くどくふしょう》　仏説是《ぶっせつぜ》普門品時《ふもんぼんじ》　衆中《しゅうちゅう》八万四千《はちまんしせん》衆生《しゅじょう》

皆発《かいほつ》無等等《むとうどう》　阿耨多羅《あのくたら》三藐三菩提心《さんみゃくさんぼだいしん》

「観音経偈文」現代語訳

①妙相《みょうそう》を具《そな》えたもう釈尊《しゃくそん》に　私（無尽意菩薩《むじんにぼさつ》）は重ねて問う　尊い人間性を持った人間をなぜ観音さまという名でお呼びになるのですか？

②③釈尊はお答えになった　よく聞くがよい　観音の行を　いつ・どこでも　みんなの役に立とうと　海よりも深い久遠《くおん》の誓いのもとに　無数のほとけに侍《つか》えて　この清らかな願いをたてたのだ

④われ、おん身のために再び略して説こう　観音のみ名を聞きなさい　みすがたを拝みなさい　心に念じなさい　このようにして空《むな》しく過ごさなかったら　すべての苦から必ず解放される

⑤害意を持たれて　火の中に落とされても　観音を念ずれば　火の坑《あな》は池と変わる

⑥大海に漂流して　波風ははげしく荒れても　観音を念ずれば　波に溺れることもない

⑦須弥《しゅみ》の峯からおし落とされても　観音を念ずれば　宙に浮かぶ

⑧金剛《こんごう》の山頂からつき落とされても　観音を念ずれば　怪我《けが》もしない

⑨賊の白刃のふすまに囲まれても　観音を念ずれば　彼らの心も和《やわ》らぐのである

⑩暴政のために　刑死しようとするとき　観音を念ずるなら　刀はにわかに折れて　命は救われるのである
⑪手かせ足かせの　責苦《せめく》にあっても　観音を念ずるとき　この苦しみから脱しられる
⑫ねたまれたり　中傷されたりして　わが身が危機にさらされても　観音を念ずるなら　怨《うら》みも憎しみも　あとかたもなく消えてゆく
⑬羅刹《らせつ》や　毒竜や　鬼たちに出会っても　観音を念ずれば　危害を受けずにすむ
⑭猛獣にとり囲まれ　危難にさらされても　観音を念ずれば　おそれをなして　いずくにか逃げ去る
⑮毒蛇やまむしに襲われて　火焔《かえん》の舌を吐かれても　観音を念ずれば　念仏の声とともにすがたをかくす
⑯雷鳴とどろき　雨あられ降りしきるとも　観音を念ずれば　ただちに鎮《しず》まるのである
⑰ひとびとよ　災《わざわ》いにあい　苦悩に堪《た》えかねても　観音の知恵は　必ず世間の苦を救う
⑱（観世音は）神通力と　広大な知恵の方便《ほうべん》によって　どこにでも在《いま》すから　いつでも観音さまに　めぐりあえるのである
⑲さまざまな悪趣《あくしゅ》　地獄　餓鬼《がき》　畜生《ちくしょう》　さらに誕生　老衰　病い　そして死の苦しみは（観

音を念ずれば）しだいに消えてゆく

⑳清らかな眼　慈《いつく》しみの眼　理性と知恵の明らかな眼　あわれみの眼　汚れなき眼は　世の闇を照らす

㉑汚れのない清らかな知恵は　暗い心に光をともし　すべての災《わざわ》いをふせぎ　普《あまね》く世間を明るく照らす

㉒あわれみの体《すがた》である戒《かい》は　雷のごとく　慈しみのこころは　美しい雲にも似る　教えの雨を降らせて　悩みの火を鎮める

㉓役所で諍訟《じょうしょう》（あらそい）する怖れ　戦陣の畏《おそ》れにおののくとき　観音を念ずるなら　多くの仇《あだ》や恐《おそ》れはおさまる

㉔妙《たえ》なる音　世を観ずる音　浄《きよ》き音　潮《うしお》のごとき音　世に勝《すぐ》れたるみ声かな

㉕念ずるがよい　常に念ずるがよい　念じつづければ疑う余地はなくなる　観世音菩薩こそ苦悩のよるべである

㉖すべてのよき働きを身にそなえて　もろびとを凝視《ぎょうし》したもう　しあわせは海の如く無量である　この故《ゆえ》につつしみて礼拝するがよい

〈結　語〉　そのとき、持地《じじ》菩薩は釈尊にお礼を述べた。

「ほとけよ、この観音自在の働きと神通力を聞く者は、その功徳《くどく》はけっして少なくありません」と。

釈尊が、この法を説かれたとき、座にある者はみな、無上の菩提心を起こしたのである。

第一部　「観音経《かんのんきよう》」とは、どんなお経か

(1) 観音《かんのん》とは何か？

——荒廃した現代人の心をいやす

「観音経」とは人間自覚のための経

観音《かんのん》は〈観《み》る音・観《み》える音〉とも〈音を観《み》る〉とも読めます。観音（正しくは観世音菩《かんぜおんぼ》薩《さつ》）とは、この二つのはたらきのできる人間性の豊かさと深さの象徴で、ふつう考えられているような歴史的実在者ではありません。

〈音を観る〉については後でお話しいたします。ここでは、まず〈観る音・観える音〉のはたらきを考えましょう。テレビで音楽会を見ます。ほんとうは「視聴」するというのだそうです。音楽を聴《き》くとともに視《み》ているからです。音を視、音を聴くとは、やはり視《み》る音、聴く音がそこにあるからでしょう。

視るも、観るも、ともにみるですが、視るを深めると観るになります。観るとは、辞典に

〈心に思い浮かべて分別する・見えるさま・つかむ・おがむ〉とあります。
八木重吉《やぎじゅうきち》さんに『幼《おさ》ない日』という短詩があります。

幼ない日は
水がものいう日
木がそだてば
そだつひびきが
聞こえる日

私たちも幼少のころは、もの言わぬ石や草や水に語りかけました。きっと、生きていないものは何一つないと観えたのに違いないのです。だから、水のことばが聞こえたのです。ところが、大人になるにつれ、水や木に話しかけるのを忘れてしまいました。そのころは、「木がそだてば、そだつひびきが聞こえる日」だったのです。聞こえるだけでなく観えたのです。人間が原点にたてば、このはたらきは今でもできます。この「観音」のはたらきを身近の問題から、人間性の自覚にいたるまで説き深めたお経が「観音経」です。このお経は、

「爾時《そのとき》、無尽意菩薩《むじんにぼさつ》は立ち上がって服装を正し、手を合わせて釈尊に質問します。『〝観世音菩薩〟というお名を、どういう理由でおつけになるのですか』」というプロローグで始まります。

この問いに対する回答が「観音経」の内容です。それについて学習しますが、その前に、もしも私に「観音さまとは？」と同じ質問を出されたら、まことにおこがましいけれど、私は答えます。

〝観音さまは、素晴らしい音楽家の象徴です〟――と。

宮城道雄《みやぎみちお》「蝿《はえ》の音さえ澄んでいる……」

なぜなら、観音とは「観《み》る音」と読めると申しました。また「音を観る」とも読めます。ちょっと異様に感じますが、不思議ではありません。私たちが、音譜《おんぷ》を読んだり見たりするのは、音を読んだり観たりしているので、観音さまだけの特技ではありません。

淡谷《あわや》のり子さんが「音楽を教えてくれる先生はあったが、すべてのものがよい音《ね》をかなでていてくれると教えてくれた先生は、たった一人だった」と、随想で書いておられました。すぐれた音楽家にとっては、楽器だけが楽器でなく、すべてが「楽器」なのです。

盲目の音楽家・宮城道雄《みやぎみちお》氏も「澄みきった静かな日に、縁側に出て立っていると、人びとのうるさがる蠅《はえ》の舞い立つ音でも、何となく澄んでいるような気がする」といわれます（同氏著『水の変態』）。また、

「私は、すべてを声で判断する。婦人の美しさ、少女の純な心とかは、その声や言葉によって感ずるわけである。声が美しく発音がきれいであると、話している間に、春の花の美しさとか、鳥の声をも想像するのである」（同書）

目は見えなくとも、宮城先生には、音や声を聞いて、美しい風光が見えてくるのです。よい音や声や、美しい景色だけでなく、自然のたたずまいの中に人間の生きるよりどころとなる教えを、人びとの声の中に楽しみとともに悲しみや苦しみを、罪ある人の心中にも美しいものを観ることができたら、人生の大音楽家です。観音さまは、この大音楽家の象徴です。「象徴」という理由は、観音さまは、偶像でもエリートでもなく、実は誰の心の奥底にも埋《うず》みこめられている慈悲と知恵と勇気のはたらきにほかならないからです。

〝そんなに卑屈にならなくともよい、そんなに泣き悲しまなくともいい。あなたは、まだ気がつかぬが、あなたには、こんな素晴らしいはたらきが宿されているのだ。既得のあらゆる概念をすてて、あなた自身の原点にたち返ってごらん。あなたをあなたたらしめる尊い人間

性を、必ず自覚できるのだよ〟と、あなたに内在する大きないのちが、あなたに呼びかけているのです。その声が目《ま》のあたりに観えることを教えるのが「観音経」です。

「自己」はどこまでも「自己」であって、それ以外の何ものでもありません。だから、罪悪を肩代わりしてもらったり、ただわけもなく抱かれるだけでは救われません。心のどん底から、「ああ、そうだった」との静かな爆発を意識して、はじめて救われるのです。自己を深く自覚することが救いです。

この点を、多くの譬喩《ひゆ》と例話の中に深く織りこんであるのが、「観音経」を含めての「法華経」(後述のように「観音経」は「法華経」の一部)の性格です。したがってふつうの読み方をしていると物足りないでしょう。それは、昔も多くの読者が同じ失望を感じています。字表だけでは真義はつかまえられないのです。

経の真理を二十七年目でさとった白隠禅師《はくいんぜんじ》

白隠禅師《はくいんぜんじ》(一七六八没、八十四歳)は、臨済禅《りんざいぜん》を再興した高僧で、日蓮聖人より五世紀ほど後世の人です。十六歳のとき、はじめて「法華経」を読んで思うに「『ただ一乗《じょう》あり、諸法は寂滅《じゃくめつ》なり(唯有一乗《ゆいゆういちじょう》、諸法寂滅《しょほうじゃくめつ》)』の言葉以外は、譬喩《ひゆ》と寓話ばかりだ。もしこの経に功徳《くどく》があるのなら、謡曲や講談本にも功徳《くどく》があるはずだ」と軽侮と疑惑の念を持ちます。それから四年後、白隠は『禅関策進《ぜんかんさくしん》』という書物で、「慈明《じみよう》という坊さまが修行に努力して、眠くなると股《もも》に錐《きり》をさして目をさました」逸話を知り、自分はそれだけの努力もせずに「法華経」を批判したことを恥じます。

白隠が四十二歳の秋です。彼の傍《かたわ》らで一人の坊さまが「法華経」第二巻・第三章（品《ぼん》）の「譬喩品《ひゆぼん》」を誦《よ》んでいました。そのとき、たまたま石だたみの上で、一匹のコオロギの鳴く声が聞こえてきたのです。この声を聞いて、白隠の心中に深く閃《ひらめ》くものがあったのです。「法華経」がほんとうにわかったのです。読めたのです。白隠だけが自覚した人生の真実です。どのように「法華経」がわかったか、どのような内容であるかは、それからの白隠の言動に展開されています。しかし、その時点での白隠の心境は、他からは窺《うかが》い知れぬ絶対なものです。

古人は、この厳粛な絶対的な点を「耳鳴りを聞くようなものだ」と表現しています。耳鳴りは当人だけが知るので、他に発表の方法がありません。

とにかく、コオロギが無心に鳴く声を、ほとけの教えと聞けるところの、ほとけのこころが自分の心中に埋《うず》みこめられてあるのに気づき、今までの疑いが解けました。白隠は思わずうれし泣きに声をあげて泣きます。

「『法華経』は講談本のようなものだ」と「法華経」を投げ出してから実に二十七年目に、はじめてほんとうの意味で「法華経」にめぐりあえたのです。「この宇宙は、悉《ことごと》くわが所有である。その中に住む生命あるもの、みなわが子である」との釈尊の遠大にして、しかも心あたたまる教えが一つ一つわかったのです。

誰もが、いつ・どこでも、ほとけのいのちを抱くとともに抱かれている事実に、あるいは気づかせ、思い出させようとの、大きないのちの誓いと願いが的確に受けとれたのです。

このときの心境を、白隠は次のようにうたいあげます。

衣やうすき
食やとぼしき
きりぎりす
聞きすてかねて
もる涙かな

「法華経」とはこういうお経です。その第二十五品《ぼん》（章）が「観音経」です。「法華経」全巻を流れる構想が「観音経」に見られるのは当然です。この点を忘れて、現代的な知識だけをひけらかすと、真義はつかめないことを知っておく必要があります。

あなたは何のために生き、働いているのか？

ところで、あなたは観世音菩薩、つまり観音さまに、いままでにめぐりあわれたことがありますか？

聖観音《しょうかんのん》・如意輪《にょいりん》観音・馬頭《ばとう》観音・准胝《じゅんてい》観音・不空羂索《ふくうけんさく》観音・十一面観音・千手《せんじゅ》観音の七観音をはじめ子育《こそだて》観音・子安《こやす》観音・悲母《ひぼ》観音……などたくさんの観音さまが私たちの周囲にいらっしゃいます。

京都の三十三間堂（蓮華王院《れんげおういん》）には千一体の観音さまがまつられています。その中に必ず、自分の母親に似た観音さまがいらっしゃる、といわれます。幼時に母と死別した私は、母の顔を知らぬままに学生時代にいくたびも堂内をさ迷い歩いたものです。

しかし、「いやァ、修学旅行のときに、走り走り見たぐらいで、じっくりと観音さまの前にたたずんだことなんかないねェ」

これが、多くの方の声かもしれません。

第一、あんな古いお像を見てもなんの役にも立たない。

第二に、この情報時代に観音さまに関心を呼ぶような情報を得たことがない。だから興味もないし無関心だ。

第三に、じっくり見たい気持ちがないではないが、何しろ忙しいから……、といわれるでしょう。

ところであなたは、便利で精巧な新型のカラーテレビ・冷蔵庫・自動車・コンピュータ・流行の服（仏教用語でこうした物質的現象を〝色《しき》〟という）——を持つ生活ができれば、それでいいと思いますか？　〝経済成長は私たちをどこに導くか？〟と考えなくてもいいのですか？

また、情報がないから興味も関心もないといわれますが、現に、どこへ行っても観音堂を見うけるし、若い人たちの「観音霊場まいり」もなかなか盛んです。これは、私たちの祖先が観音さまに親《した》しんできた証拠でしょう。

「いや、昔はともかく、科学の発達した現代では、その必要がない」と抗議されるでしょう。

しかし、科学的に解明できないものは、みな虚妄《きょもう》だという傲慢《ごうまん》さこそ、むしろ非科学的態度ではないでしょうか。

たしかに科学文明が低次だったころは、光化学スモッグも、ＰＣＢも、原爆も交通事故もありませんでした。山野は緑に包まれ、川や海の水は清澄《せいちょう》でした。それらを奪われた現代ほど「死」の恐怖を鮮烈に感じさせる時代はなかったでしょう。

さらに、忙しすぎて、ヒマがないのも、たしかに現代の生活様相です。心身ともにすり減らして働いたおかげで生活も豊かになり、欲求もある程度適《かな》えられました。しかし、不満は尽きません。ということは、満たされる以上に失ったほうが多かったからではないでしょうか。取り返しのつかぬものをなくしたからではないでしょうか。

としたら、あなたは何のために、誰のために生き、働いているのですか？

「心に化粧が済んだときの表情」

一度でも、観音さまと向かいあった方は、多くの観音さまが、微《かす》かなほほえみをたたえていらっしゃったことをご記憶でしょう。

この微笑を〝アルカイック・スマイル〟（古拙《こせつ》の微笑。技巧は拙《まず》いが、ほとけのこころがよく表わされている深いほほえみ）といいます。亀井勝一郎《かめいかついちろう》氏は、〝慟哭《どうこく》寸前の微笑、苦しみに耐えたほほえみ〟といっていますが、このほほえみの起源はこうです。

その日も釈尊の説法を聞くために、弟子たちが霊鷲山《りようじゆせん》の山頂に集まりました。しかし、釈尊は何もおっしゃらないのです。

やがて、その中の一人が一本の花を差し出すと、釈尊はその花を受け取って、黙ってほほえんでその花をみんなに見せられた。

「………？」

どういう意味か、理解できないでいると、マカカショウという弟子だけが黙ってほほえみました。

このとき、はじめて釈尊が口を開いて、

「わたしの世界の見方、人生の極意《ごくい》、すがたと影のふしぎな道理、文字に書けない心の教えを、このマカカショウに授《さず》ける」（『無門関《むもんかん》』第六・魚返善雄《おがえりよしお》訳）と言われました。

この微笑が禅の伝承《でんしよう》にもつながります。むずかしいことはともかく、筆舌につくせない人生の真実の伝承にあたり「ほほえみ」と「一輪の花」が登場したことは記憶していいことです。

このほほえみを観音さまも浮かべていらっしゃるのです。

朝日新聞がかつて社説で、「一週間に一日、ほほえみの日を持とう」と説きすすめたことがあります。それは、無意味な、あるいは卑屈なほほえみでなく、〝心に化粧が済んだときの表情〟だとあります。

私はこの言葉が好きですが、仏教では「微笑」を〝みしょう〟と読みます。

観音とはあなた自身のことである

このほほえみの意味を少し考えてみましょう。

親が子どものいたずらをするのを見て、〝まあこの子はしかたがないね〟といいながら、子どもの成長を喜びながら涙をポロッとこぼします。

また、子どもがお菓子をもっと欲しい、とねだってむずかります。親も、もっと与えてやりたいと思いながらも、これ以上はお腹《なか》をこわすからやれない。しかし、子どもに説明してもわからない。与えるのも愛情だが、与えないのは、なお大きな愛情です。無邪気《むじゃき》に泣きわめく子をみると、親も苦しい、やるせない……。いつになったら親の心がわかってくれるのだろうか、早くわかってほしいという切ない願いが、このほほえみに象徴されています。

「人間は必ず死ぬ、いくら〝死なないようにしてくれ〟と頼まれても、それだけは無理だ。しかし、その苦しみからあなたを必ず私は救おう。それが私の誓いだ。それが果たせるまで、私もあなたといっしょにこの苦悩をともにして、耐えようではないか……」といまにも泣き出しそうなほほえみが、観音さまのほほえみです。

このほほえみは、あなたが観音さまと相対したとき、あなた自身の中に、あなた自身も気づかないで持っている〝ほほえみ〟なのです。

そして、このほほえみにかぎらず、さまざまの観音さまのお姿こそ、あなたが気づくべきあなた自身の相《すがた》――真実のあなたの相なのです。観音さまとは、そういう存在なのです。

観音さまは、偶像ではありません。観音さまのお姿を崇拝しただけで、必ずしも財布《さいふ》の中味がふえるというわけにはいきません。

こう申しますと、観音さまを信仰している方は反論されるでしょう。

「観音経」を誦《よ》むと無尽意《むじんに》菩薩の質問に、釈尊はこう答えているではないか。

「あなたがいろいろな苦悩を受けたとき、この観世音菩薩の名を聞いて、一心にその名を唱《とな》えると、観世音菩薩は、すぐその音声をききわけて、みんな解脱《げだつ》させてくださる」と。

『善男子《ぜんなんし》、若有無量百千万億衆生受諸苦悩《にやくうむりようひやくせんまんおくしゆじようじゆしよくのう》。聞是観世音菩薩《もんぜかんぜおんぼさつ》。一心称名観世音菩薩《いっしんしようみようかんぜおんぼさつ》。

即時観其音声皆得解脱《そくじかんじようおんじようかいとくげだつ》』

これを、現世利得《げんせりとく》といいますが、たしかに観音さまが、私たちの祖先に親しまれてきたのは、この現世利得、〝丈夫な赤ちゃんが欲しい〟と願えば、ただちにそれが叶《かな》えられたり、不治《ふじ》の病《やまい》といわれ、「観音経」を唱えて多くの祖先が救《たす》けていただいたからです。

しかし、ここで考えなければならないことがあります。それは現実の幸福は、たしかに望ましい。しかし、自分だけの幸福でよいのでしょうか。また、現在の災難から早く逃れたい。けれども、人間である限り必ず体験しなければならぬ心の苦悩を放っておいてよいのでしょうか？

男女の〝性〟を超《こ》えた象徴的存在

しかし、それを深く考える前に、とにかく、私たちのまわりには、あなた自身のすがたともいうべき観音さまがたくさんいらっしゃるのですから、一度、会いに行かれたらどうですか？

すると、あなたはきっと観音さまから何かを発見されるでしょう。〝しかたがないねえ……、それでは私もいっしょに悩みましょう〟という例のほほえみだけではありません。釈尊の時代にはカセット・テープなどないのですから、あなたに教えたい、あなたに伝えたい人生のありかたを、さまざまの〝ブロック・サイン〟——身体と、持ち物——で知らせよう、学ばせようとしていらっしゃるのです。

情報がないから興味が湧かない、といわれますが、実は、あなたがこのサインを見落としているのです。

まず、多くの観音さまは、やさしいほほえみを浮かべていらっしゃって、その点は女性的だが、いったい、女性なのだろうか、男性なのだろうかという素朴な疑問が起こります。

岡本かの子さんもいわれます。

「もし、仏教から代表美人を選んで、他教と競技させる催しでもあったら、ミス仏教となって選手に出られるのは、おそらく、この観音さまでしょう」(同氏著『観音経』)と。

岡本かの子さんは、観音さまを〝女性だ〟と決めていっているわけではありません。ご自身が女性であるから、

「私はその表象として、普通は女性の姿であってほしいのです。女の臭みのない女性の姿として、観世音菩薩を見たいと望みます」と、〝望まれている〟のです。

もともと観音さまは男性でも女性でもなく、たとえば、馬頭《ばとう》観音のように、はっきり男性

となっている場合は別として、偶像でないから、両性に通ずる〝通性〟であるとともに、男女を超《こ》える〝超性〟です。

ですから、岡本かの子さんが〝女性であってほしい〟と願う場合は、まさに女性ですし、〝観音さまは男性であってほしい〟と願えば男性なのです。

すでに述べたように〝観音さまはあなた自身である〟、つまり鏡に自分を映すように映るのですから通性。もちろん、男性が恋する女性の姿をそこに見れば、観音さまは〝恋しい女性〟でしょう。

それにしても、どうも、観音さまが女性のように見えるというのは、本来、観音さまは、知恵と慈悲と勇気——この三つの徳の象徴ですが、誰の眼にも慈悲がいちばん強く感じられるので、観音さまが女性として受けとられるのでしょう。「般若心経」の場合は、同じ観音さまを、観自在菩薩と訳して、知性が表にあらわれたから、観世音菩薩とは逆に、男性的な感じが強くなったのと同じです。

汚ない左手と仏陀《ぶつだ》の右手——合掌の意味

さきほど〝ブロック・サイン〟と申しましたが、観音さまは、ときには手と指先で、ときには持ちものによって、いろいろと教えを説いておられるのです。

ブロック・サインとは「戒《かい》・定《じょう》・慧《え》」をミックスし、ブロックした指示です。

「戒・定・慧」は『三学《さんがく》』といって、仏道を学ぶ人は、必ず修業しなくてはならない三本の柱です。「戒《かい》」は、いましめ・つつしみで、悪は避けねばならぬ、善はしなければならぬという当為《ゾルレン》です。「定《じょう》」は、散乱する心を静めることです。「慧《え》」は、すべての存在の根源を、空《くう》であるとわかる知恵（知識ではありません）です。

この三学を、手や指のポーズで示されるのを『印《いん》』といい、持ち物によるサインを『契《けい》』といい、あわせて『契印《けいいん》』とも『印契《いんげい》』ともいいます。この印と契印とを合わせたブロック・サインを『印相《いんぞう》』と申します。

この数あるサインの中で、いちばん多いのが〝施無畏《せむい》〟の印で、右手を胸のあたりにおかれた姿です。

「施無畏」とは、畏《おそ》れなきを施《ほどこ》すということで、「わかった！　もう大丈夫だ。こわがらなくてもいい」といっていらっしゃるのです。

この施無畏の印は、ふつう〝与願《よがん》〟の印――左手を下にさしのべている形と組み合わさっている場合が多いのです。

「与願」は、願っているものを与える、〝みんなが求めている願いを聞いて施し与える〟という意味ですから、両手のサインを合わせると、

「さあ、恐れずに行きなさい。あなたが求めているところのものは、きっと得られますよ」

となります。

このように、観音さまはヒット・エンド・ランのサインや、カーブのサインを出していらっしゃるのです。それを読み違えたり、見逃がしたり、ときにはサインをまったく無視し、勝手な行動をして、自分を不幸にしているのではないでしょうか。

観音さまに限らず、多くのお仏像のサインが〝合掌〟です。

先日もある会場で、高《たか》田《だ》好胤《こういん》先生は、子どもにもわかるように、右手と左手のしわを合わせるから〝しあわせ〟幸せになるのだと当意即妙に説明していらっしゃいました。そのとおりです。

インドでは、左の手は不浄の手とされています。この間、インドに行ったときも驚いたのですが、あちらでは、左手をトイレットペーパーの代わりに使う。そうして、用がすむと、右手で水筒を持って、この左手を洗い清めるのです。

だから、左手で人に物を与えると失礼にあたるのです。そういうところから、左手は一般

に汚ないもの、卑しいもの、転じて、一般の凡夫、悩んでいるふつうの人間の象徴とされています。

この左手を清める右手が仏陀《ぶつだ》、ほとけを象徴することになり、この左右の手が合わさるところに〝理想〟をみているのです。

価値のあるものとないものが合わされる西洋哲学でいう〝止揚《しよう》〟です。醜いもの、悪いもの、無価値なものの中に、美しいもの、善なるもの、価値あるものをみつけよ、というのが〝合掌〟の印《いん》なのです。

印と契——ブロック・サインについては、第二部で詳述しますので、ここではくわしく触れません。とにかく、こうした印、契——ブロック・サインの組合わせの中から、私たちは教えを読みとっていくわけです。

願いを叶《かな》えるのはあなた自身だ

ところで、ブロック・サインを出していらっしゃる千手観音さまも、中心の両手に〝合掌〟の形をとっているように、このケースがひじょうに多いのです。

とかく仏像は人間から拝まれるだけの存在と思われがちです。しかるに、お仏像もまた人間の私たちに手を合わせておられるのです。

これだけでも、仏教が偶像崇拝ではないことがわかります。

要するに、私たちは観音さまを手を合わせて拝みます。観音さまもまた、私たちを手を合わせて拝んでくださるのです。拝むとは、拝まれている事実を実感することです。

私たちは、観音さまに自分の苦しみや悩みを打ち明け、どうか救《たす》けてください、とお願いします。

すると、観音さまも、

「私が拝んでいる尊い人間よ、あなたは罪が多いとか、凡夫だとか、いろんな苦しみを訴えるが、あなたの中にも、ピカッと光るものが私には見える。どうか、あなたの中のもうひとりのピカッと光るあなた自身に気づいてほしい。わかってほしい。頼みますよ……」と手を合わせてくださるのです。

そして、釈尊が弟子のマカカショウと一輪の花をはさんで、無言のほほえみを交《か》わしたあと、

「いま、あなたに、口でいうこともできない人生の真実を伝えた」といったのと同じように、観音さまも、黙って、ほほえんで、私たちに、同じことを伝えられるのです。

「あなたの願いを叶えるのはあなた自身の心ですよ」と。そして、「あなた自身の中に私(観音)がいるのですよ」と。

献花《けんか》・供養《くよう》・回向《えこう》は生者のためにある

もうひとつ、観音さまが私たちを拝んでいらっしゃる証拠をあげておきましょう。

私たちは観音さまやご先祖に花を供《そな》えるとき、花の正面をどちらに向けますか。たんなるプレゼントなら、花は向こうに向けるべきでしょう。しかるに、実際は美しい正面を私たちのほうに向けるのには、何かの理由がなければなりません(本来は、どこにも在《いま》す諸仏に供えるために、花を表裏のないように円周に活《い》けて供えるのです)。

よく見かける花輪にしても、故人や仏さまを背にして、こちら向きではありませんか。このことから、仏教が偶像崇拝ではなく、生きている凡人の私たちが尊崇《そんすう》されているのがわかります。

「供養《くよう》」という言葉があります。〝供給《くきゅう》〟と〝資養《しよう》〟という仏教語が二字に約《つづ》められてできた言葉で、供給はお給仕です。資養とは〝元手《もとで》〟とか〝助ける〟という意味です。ですから、仏に、お給仕することが、私たちの心の成長になるという意味なのです。

また、「回向《えこう》する」といいますが、百八十度、方向を回《かえ》ることです。たとえば、子どもが隣家でお菓子をもらって帰って来たとします。子どもは、このことを両親に報告するとともに、父母にも食べないかとすすめるでしょう。

しかし、親は「いいから、おまえ、おあがり」と自分に向けられたお菓子を、ぐるっと百八十度まわして、子どものほうに回《かえ》します。これが回向《えこう》です。花を献ずるのも同じ道理です。〝さとった私はいいから、死んだ私はいいから、生きて悩んでいるあなた方こそどうぞ〟と、その花をこちらに向けてくださるのです。花を供養した私たちが、仏に花を供養されているのです。

「契」の一つに「蓮華《れんげ》」というのがありますが、それがこちらを向いているのも、「泥の中にあっても、この花のように試練に耐えて、美しい花をつけてくれよ、わかりましたね」という教えです。

「観音の名をとなえれば、観音さまはこの声をすぐ聞きとどけて、解脱《げだつ》させてくださる」のは、まず、観音さまに出会った瞬間に、こうした一方通行ではないコミュニケーションが成立するということです。

そして、こうした〝即時性〟なり〝同時性〟が「観音経」の〝現世利得〟の根底にあることがおわかりいただけたと思います。

私たちは今日という時代に生きていながら、仏教思想が生んだ「観音経」のこころを、いいかえれば私たちの師であり、友であるものを文明という名のもとに、あとかたもなく忘れ、むざむざと失っていいほど、いまの私たちは苦悩もなく、幸福に充《み》たされていると断言できるでしょうか?

カミュ「自殺か、それとも再起か?」

「ふと、舞台装置が崩壊することがある」

フランスの作家、故A・カミュが『シジフォスの神話』という作品の中でこういうことをいっています。

「朝、起きて、会社にいって仕事をする。帰って来て、食事をして寝る。同じリズムで流れていく日月火水木金土……人間というものは、こういう道をたいていのときはすらすらとたどっている。

ところがある日〝なぜ?〟という問いが頭をもたげる。すると、驚きの色に染められたこの倦怠《けんたい》の中ですべてがはじまる。

すべてがはじまる――これが重大なのだ」（新潮文庫『シジフォスの神話』清水徹訳）

たしかに、私たちがよく経験するところです。

毎日、一生けんめい、キチン、キチンと働いている。ところが、ある日、フト〝これが人生というものだろうか？　生きるとはこういうことだったのだろうか？〟という疑問が頭をよぎります。

それはまじめに規則正しく生きている人ほど多くある〝フト〟でしょう。

それをカミュは〝意識のめざめ〟〝意識の運動の端緒《たんちょ》〟といっていますが、こうしたとき、私たちは、そのフト気づいたことを「ああ、こんなもんだろう」と忘れて、もとの気づく前の生活に帰っていくか、あるいは、〝フト〟を大切にして、改めて人生について考えはじめるか、のどちらかでしょう。

ところが、いまの私たちはどうでしょう。

戦後のあの荒廃の中から、一生けんめいに働いて、今日の、世界に誇ることができるような物質の豊かな社会をきずいてきました。

それ自体は、とても素晴らしいことです。しかし、その一方で、〝何か取り返しのつかぬ大切なもの〟を失ってきたのではないか？　それはいまさら私がいうまでもなく、日本人のひとりひとりが考えていることでしょう。

「何のための豊かさか?」といううめきを、最近よく聞きます。

いったい、私たちは一生けんめい働いてきたけれど、得たかったものとは、こんな世の中だったのでしょうか? いまの日本では、こうした私たちをとりまいている事情を考えるだけでも、カミュのいう〝なぜ?〟という疑問を持たざるをえないでしょう。

それなら、いったい、これからどうすればいいのか?

「自殺か、それとも再起か?」とカミュは私たちに問いかけます。

いうまでもなく、私たちは〝再起〟しなければならないのです。それには、人間の「ふりだし」にもどって考えなおさなければならないでしょう。

花(現実)と実(理想)の調和

「そのとき、無尽意《むじんに》菩薩は座より起《た》ちて、右の肩を袒《はだ》ぬぎ、合掌して仏に問うた」

無尽意菩薩の無尽意というのは〝尽きることのない意志を持つ人〟という意味です。私たちがいまから考えなおしてみよう、とするときに、ちょうどいい人が立ち上がってくださったのです。

ここからはじまる「観世音菩薩普門品《ふもんぼん》第二十五」というのは「法華経《ほけきよう》」の中に入っています。「法華経」というのは〝サッダルマ・プンダリーカ・スートラ〟(Saddharma pundarīka—Sutra)という原典からクモラジュウが漢訳したもので、正確には「妙法蓮華《みようほうれんげ》経《きよう》」といいます。

〝妙法〟は形容詞で〝最上の経義〟という意味で、〝蓮華〟はハスの花で、この場合、白蓮《びやくれん》です。

〝蓮華〟はブロック・サインの中の〝契《けい》〟の一つだと先に申しましたが、観音さまがよく手にしていらっしゃる花です。

なぜ、白蓮がとりあげられたかといいますと、泥の中から美しく咲くということと同時に、もっと大切なことは、〝花の命はみじかくて……〟というように、花はやがてほろびるものですが、この白蓮は美しい花を咲かせていると同時に、この中に実《み》を宿しているのです。

つまり、美しい花びらを現象、うつつなものだとすると、それと同じに〝実〟、つまり〝実在〟をそなえている花です。このことを法華経では〝諸法実相《しよほうじつそう》〟(現象の背後にある実在)といって、この実在を把握するのを人生の究極の目的にしているのです。

たとえば、私たちが公害問題を話すときに、いろいろ議論を重ねていくと、必ず〝理想〟と〝現実〟の矛盾にぶつかります。

「自動車はとにかくやめてしまえばよい」「そうしたら、毎朝、食べる野菜はどうやって畑から台所まで運んでくるんだ?」――こうした矛盾が、台所から哲学の問題にまで、いつもつきまといます。

こまかくいえば、白蓮の美しい花びらは〝諸法《しょほう》〟――私たちの舌や耳、眼が感じるさまざまな現象のことをいい、〝実相《じっそう》〟とは、そうした現象の根本、つまり、花の中にあるので、直接見ることはできないけれども、必ず有る〝実《み》〟のようなものです。この実を蒔《ま》けば、また花を咲かすように、けっして滅びないもの、つまり〝実在〟のことをいいます。

この〝諸法〟と〝実在〟、〝現実〟と〝理想〟を白蓮の花のようにひとつに調和させることができれば、私たちの人生は素晴らしいものになることはいうまでもありません。それが、こうすればできる、と説いたのが「妙法蓮華経」という経典なのです。

私は、安積得也《あづみとくや》氏の詩、

はきだめに　えんど豆咲き

泥池から　蓮の花が育つ
人みなに　美しき種子《たね》あり
明日《あす》は　何が咲くか

が好きです。はきだめや、泥池という現実の実相の中に、汚れない清浄の真実が宿されているのです。それが「蓮華」で象徴される妙法です。

般若心経は知性、観音経は情的面に訴える

釈尊がさとりを開かれてから、まず、「華厳《けごん》経」を、ついで、「阿含《あごん》経」、「方等《ほうどう》経」、「般若《はんにゃ》経」と説かれ、最後に「法華経」「涅槃《ねはん》経」を説かれたということになっております。

人間が徐々に成熟していくのを常とするなら、最終的な「法華経」がいちばん素晴らしいともいえますが、私は、お経に優劣があるとは思いません。

最初に説かれたという「華厳経」には、さとりを開かれた直後の若々しい理想にみちた素晴らしさを感じますし、それが、少々、理論に走りすぎた難解さを反省して、今度はぐっとくだけて、実生活上のエピソードをまじえながら、わかりやすく説いたのが「阿含経」とい

うふうにも理解できるのです。

「般若心経」の母体は、仏教の経典の最長編である「大般若経」ですが、この経典はまたこれで、その簡潔さ、明晰さ、深さでは類を見ません。

最後に説かれた「法華経」は二十八品《ぼん》（章）からなっていますが、その中でも〝第二十五品〟の「観世音菩薩普門品《ふもんぼん》（観音経）」は「般若心経」でしぼりにしぼった仏陀《ぶつだ》の教えの精髄を、今度はその精神をつかみやすくするために、人間の情念に触れるような形で説き起こされたものといえるでしょう。

「こんな虚《むな》しい毎日であっていいだろうか」「スモッグを早くなんとかしなければ……」

こんなとき、私たちは、まず、どうすればいいかを考え、行動をはじめますが、その場合、「これではいけない」という知的な働きと「いやだなァ」という情的な働きとがあります。

このどちらが欠けても、いい結論は出ないでしょう。強《し》いていうならば「観音経」は「般若心経」にくらべると、この情的の面にスポットを当てた教えといえます。

観音の理念は「慈悲」と「知恵」

「それはこうなのだ。誰でもいろんな苦悩を覚えたとき、観世音菩薩の名を一心に唱《とな》えたら、観世音は、それを聴《き》きわけて、みんなを解脱《げだつ》させられるのだ」

無尽意《むじんに》菩薩が〝どういうわけで観世音菩薩という名がつけられたのですか？〟と聞いたのに対して釈尊の答えが、これでした。観音さまの特徴がここにあります。

〝観世音〟とは、世の音を観《み》るということですが、この世とは、仏教では、花の咲くのも、虫が鳴くのも、木の葉が散るのも、すべて、自然が説法をしているというくらい広い〝世〟です。自然を含めて、人間の声、あるいは声にならない声を観る菩薩ということになります。

さて、ここまでは〝観音さま〟とあたかも人間に対するかのように話してまいりましたが、観音さまは実在された人ではありませんから、語感がだいぶ異《こと》なります。

菩薩《ぼさつ》とは、原語ではボーサーといい、その音訳が「菩薩」で、「道を求める人」のことです。音訳の「菩」は〝小さな敷物〟、「薩」は〝努力する人〟ということです。ですから菩薩とは〝小さな場にあって努力する人〟ということです。

その人間がしなければならない〝たゆみなく努力をする〟という概念を、わかりやすいように菩薩という象徴的な人格で表わされたものです。観音さまは実在の人物でも、偶像でもありません。ただ私たちの目に見えるようにさとりのすがたと、さとりへの努力を、表象されたのです。私たちが、大切なものを忘れそうになったとき、目に見える〝像〟にして親しむ教えと方法を考え出した先人の知恵と慈悲は実に素晴らしいではありませんか。

この古人の教えのままに、本書でも素直に〝観音さま〟と、隣人のように呼びかけてまいりますが、この点を、よく確認してください。

観音経を通じていちばん大切なのは、観音さまにお会いして、自分がいま、何をしなければならないかという教えを読みとることです。私たちの苦悩を聞いてすぐ、心に安らぎを与えるために、観音さまはいつも、私たちのそばにいてくださいます。この経のはじめに「是《こ》の観世音菩薩を聞けば」（聞是観世音菩薩）とあります。

それは〝何か〟を考え、解決への行動を起こすきっかけを作ってくださる、つまり、まず、〝観音さまに出会うことからはじまる〟ということです。

もう一度、突っ込んでいいますと〝何でもよく聞いてくださる〟〝いつもさとりを開かそうと努力される〟観音菩薩と会って対話してみること。そして、その対話は〝観音さまはあなた自身〟ですから、自分で考えてみることになり、観音さまに会うということは、自分でじっくり考える時間を持つ、ということでしょう。

そこから、西国《さいごく》巡礼など、日常生活を離れ、放浪の旅路で考え、山水と語って苦悩に同化しながら、人生を豊かにする生き方を古人は考えついたと思われます。

「どうも、いまの会社はおもしろくないなァ。いまの生活はつまらないなァ」といった声を私はよく耳にします。

それなら、どうしたらいいか。観音さまにめぐりあって考えてみるために、一週間なり二週間の休暇を取って、一度、西国《さいごく》、坂東《ばんどう》（関東）、秩父《ちちぶ》など、いずれかの地に巡礼の旅をしてみたら、どうでしょう？

そんな休暇がとれないほど、あなたが仕事に情熱を感じていたり、〝休まれては困る〟といわれるほど大切にされているなら、愚痴も出ないでしょう。かりに休暇がとれて、巡礼から帰ってきたとき、まだ、仕事がしたくなかったり、上役から〝もっと休んでもいいよ〟という顔をされるようなら、観音さまにめぐりあう――つまり、真実の自己に対面できるまで、さらに遍歴の旅を続けたほうがいいかもしれません。乱暴ないい方ですが、やさしいばかりが観音さまではありません。

(2) 今、あなたは幸福といえるか?

――むなしさからの出発

〝現世利得〟とは〝一心になる〟ことの結果だ

「どんな苦悩でも……」と観音さまはいわれます。「観世音菩薩普門品」の、〝普門〟は〝どこからでも出入りができる〟ということです。

よく扉を両方にパッと開けている形を〝観音開き〟といいますが、もとは、観音像をまつる厨子《ずし》の造り方に学んだのです。両扉を開けば、あけっぴろげで、どこからでも出入りできます。禅の「無門」に通じます。建造物の門だけが門ではありません。私たちには五官のほかに八万四千の「毛穴」があるといわれますが、それも門です。

また、門は入るためにも必要であるだけでなく、出るためにも必要です。入門とともに出門の作法を学ぶのも大切です。教えを求めるとともに、門を出て、人を救うことも大切です。

この点、観音さまは、あけっぴろげです。観音さまのお像をごらんなさい。観音さまはネックレスをしたり、イヤリングをしたりしておられます。ときには、赤ちゃんを抱いておられます。

また、たくさんのブロック・サインを出すために六本、八本、多くは千本もの手を持つスタイルになったりしています。

観音さまの基本的なスタイルというか、いろんな悩みに合わせて、よく七観音とか百観音という「変化の観音さま」がいらっしゃいます。この点についてはあとでくわしくご紹介します。

私たちが人間である限り遭遇する内外の災難があります。外部から受けるいわゆる外難を〝七難〟といい、人間の内部から起きて人間を苦しめる心の病《やま》いを〝三毒〟といいます。また、内外両面からの欲求を「二求《にぐ》」と名づけます。観音さまは、この内外の災難から守るとともに、内外からの二求も適《かな》えてくださるのです。

実際に〝南無観世音菩薩〟と一心にお名を唱えて多くの苦境から救われたエピソードは数多く伝えられていますし、現代でもその喜びを体験された人はたくさんあります。

そして、このエピソードから学ぶことはただ、ひたすらに〝一心になる〟熱意と実行の決意だと思います。熱意と実行は、どんな時代でも大切な〝資力〟です。

また、科学文明が進歩すればするほど、不明なこと、解決できないことがたくさんあることがかえってはっきりしてきました。この科学の死角に立たされたとき、人間が精神力を集中して〝一心になる〟ことによって、問題を解決できることも私たちは経験してきました。

さて、「七難」「三毒」は後章にゆずって、ここでは「二求《にぐ》」についてだけ考えてみましょう。

「二求《にぐ》」とは人間を救う愛・師友の希求

二求は、経典の語感では〝男の子が欲しい〟〝女の子が欲しい〟との男女の子どもを求める風に受けとれます。しかし、男性が女性を求め、女性が男性を求める願いに広めても少しも不思議はありません。むしろ、そのほうがいいと思います。

しかも、〝水難〟（七難の一つ）や〝痴〟（三毒の一つ）の色欲とつながらないのは、この〝二求〟の奥を〝よい男の子が欲しい〟〝よい女の子が欲しい〟という自然な気持ちがささえているからです。かわいい子どもが欲しいから、よき男女を求め合う、そういう人間の純粋な願いです。

さらに、よい人生の師を求める、よい友を求める、これも二求として、観音さまはお手伝いしようとされます。

こうした七難、三毒、二求と、私たちが人生で必ず出会う大災難や希望に、観音さまが手を差しのべていらっしゃる。ですから、人生の大切なところにさしかかったとき、あなたのほうから観音さまに出会ってごらんなさいとおすすめするのです。

そのひとつが、これまでもたびたび出てきた観音さまの〝ほほえみ〟です。

このごろ、若い人たちの間で〝スマイル・バッジ〟が流行しています。それもよく目につくところに貼《は》ったり、身につけたりしていますが、理由もなく流行しているということは、いまの時代に〝ほほえみ〟が必要なことを無意識のうちに、みんなが考えているからでしょう。知らぬうちに、観音さまのサインを読みこなし、そのとおりに実行しているのです。

ほほえましい流行です。

「慈悲」とは裏切られても深まる「愛」

この〝ほほえみ〟を基本にして、考える核になると教えている〝慈悲〟と〝知恵〟と〝勇気〟――この中で、情動を重んじる観世音菩薩がいちばんの要素としているのが慈悲です。

観世音――音を観ずる大いなる人間性――の場合、音は〝現在〟です。昨日の音、明日の音というのはありません。音はたった今です。たった今なる音を観ずる、ということは、現在を知ること、そして音はきれいな音もきたない音も、あるがままに聞こえます。ですから、あるがままの現在、それを知ること、それを十分に認識して現在を生きるのです。

どう生きるか。知恵と勇気とそして、大いなる〝慈悲〟を持って生きるのです。

慈悲の〝慈〟とは友情、この友情は特定の友のものではありません。また人間だけとも限りません。私たちをとりまく自然のすべて、鳥や魚にいたるまで、みんな友だちです。同じ空気を吸い、同じ水を飲む仲間たちだ、と実感するのが「慈」です。

〝悲〟はうめき・痛み。友の痛みやうめきを、自分のものとして受けとる心、人の苦しみを自分の苦しみとして受けとる心です。大自然の喜びや悲しみを、自分のそれとして受けとれるのが「もののあわれ」です。悲です。ちょっと愛（ＬＯＶＥ）に似ています。しかし裏切られると憎しみに変わるような愛でなく、裏切られれば、裏切られるほど相手をいとおしまずにはおれない、大きくて深い〝愛〟です。

つまり、七難、三毒、二求に出会うとき、知恵と勇気と、そして、この慈悲をもって、人間らしい道を生きていきなさいというのが観音さまの教えです。

そうして、観音さまは、あなたが今、そこにいるように、会いたいと思えば、すぐ会えるように、私たちのすぐ身近に、私たち自身のなかに、さまざまなすがた形《かたち》をして私たちと、ともにいらっしゃるのです。

それが、百観音といわれるくらい、およそ人の心の姿のパターンを全部集めたような多種多様のポーズをとって、私たちに出会ってくださるのです。

七観音でほとんどの観音が説明できる

「観世音の身長は八十万億那由他由旬《なゆたゆじゅん》（数の単位・無限のこと）、身に紫金色《しこんしょく》。頂《いただき》には肉《にく》髻《けい》、項《うなじ》には円光があり、面は各々百千由旬。円光の中には釈迦牟尼仏《しゃかむにぶつ》の如《ごと》き姿の五百の化《け》仏《ぶつ》がましまし……」（『観無量寿経＝観音像講和』逸見梅栄著）

とは、聖《しょう》観世音菩薩を彫ったり、描いたりするときの規範をしめすものです。また、観音さまの前にたたずむ人々の中にはいろいろな事情を持った人もいるわけです。

だから、その事情を知り尽くして対話するには、コンピュータのようにならなければならないわけです。千手千眼《せんじゅせんげん》の観音像などに、その無数の救いが象徴されています。ここでは、そのすべてをご紹介するわけにはいきませんので、「七観音」といわれる七人の観音さまについてだけ書きます。七といえば無数を表わすわけですから、七観音で無数の観音さまを紹介することになるからです。

①聖《しょう》（正）観音（左ページ写真）――一般に観音さまといえば、この聖観音のことで、いうなれば、もっとも基本のおすがたです。私たちと同じ人間そのままのすがた形で、二本の手と、二本の脚をお持ちです。基本的な原形は、どんな形にも変化できるわけですから、観音さまの融通無礙《ゆうずうむげ》、あけっぴろげで、さまたげがない人格を象徴しているといえるでしょう。観音ときには白蓮などを持っておられますが、印《いん》の場合が多く、いちばんサインの読みとりやすい観音さまです。

②千手《せんじゅ》観音（61ページ写真）――正確には千手千眼《せんげん》観世音といい、千という数字はやはり無数無量ということを表わしていて、文字どおり、たくさんの手を持っておられ、聖観音と同じで、特定のレパートリー（特定のお得意）はありません。私たちは、そのたくさんの契《けい》や印《いん》の中から、自分の「願い」と対話すればいいわけです。古い文献には、「内には八万の心患《しんかん》を滅し、外には四百四病を除く。誓って我名《わがな》を三たびとなうれば、万願

聖観音像（薬師寺）

成就《じようじゆ》せしむ。施無畏《せむい》の徳を得、有縁《うえん》の衆生《しゆじよう》を導き、女身《によしん》を厭《いと》えば男子となる……」とありますから、恋の願いから、赤ちゃんの産みわけまで聞きとどけてくださることになっています。

無数の指先には、一つ一つお目があります。それは「見ること」、観察と実行の大切さをうたわれます。また千の手のうち、いちばん大きな手が、大体、合掌をしていらっしゃいます。

③十一面観音（63ページ写真）――文字どおり、十一のお顔を持っていらっしゃる観音さまです。ひとつの大きなお顔の上にも、まわりにも、小さなさまざまな表情をしたお顔が十一面あります。

そのお顔の一つ一つがブロック・サインを出していらっしゃるというわけですが、一般には、この世のあらゆるものの道理をわきまえないところから出てくる愚痴《ぐち》を断とうとの願いの象徴といわれます。

十一面のサインの中には、七難を封じるサインがありますが、坂東《ばんどう》三十三カ所には、手のサインの中で〝軍持手《ぐんじしゆ》〟というのが多いようです。軍持とはサンスクリット語で〝瓶《びん》〟のこ

千手観音像（葛井寺）

とです。瓶は水を入れるもの。つまり瓶を満たすように、あらゆる欲望を満たしてあげようというサインです。しかし、一方の手にはだいたい、数珠《じゅず》を持っておられます。このサインは煩悩《ぼんのう》を断ち切るサインです。

「その望みを叶《かな》えるのはいいけれども、過ぎたるはおよばざるが如《ごと》し……ほどほどにしておきなさいよ」とでもいっているのでしょう。

④馬頭《ばとう》観音――この観音さまは、お不動さまのような怖《おそ》ろしい顔をしていらっしゃる。どうして、馬頭観音だけが忿怒《ふんぬ》の形相《ぎょうそう》をされているのか？　世の中にはやさしい顔ばかりしていると、その意味を少しも汲《く》んでくれない人もいるもので、たまにはガツンとやったほうがいい場合もあるという常識的な受けとり方だけでは不十分です。「怒り」が、どんなに悲しい、うつろなものであるかを、見せてくださるのです。

馬頭観音さまは昔から、村や町の角《かど》にまつって、馬や牛たちの安全を守ったり、あるいは交通の安全をお願いしました。したがって、今なら、ドライバーの安全を見守る大切な観音さまです。交通事故が多い今日、この馬頭観音さまが忿怒の形相をしておられることは、まことに意味深いものがあります。

十一面観音像（向源寺）

ラッシュでいらいらしているとき、この観音さまを思い浮かべて〝南無観世音菩薩〟と口ずさめば、心も静まり、道をゆずる気持ちになり、その結果、交通事故からもまぬがれるでしょう。それが〝現世利得〟です。あなたを事故から守るのは、馬頭観音であるあなた自身なのだからです。

馬頭観音にはお顔が一つから四つまで、お手は二本から八本までありますが、よく手にしていらっしゃる契《けい》は、〝白蓮〟と〝宝剣〟〝金剛杵《こんごうしょ》〟〝斧鉞《ふえつ》（おの・まさかり）〟などです。宝剣は鬼難を断じ、金剛杵は怨敵《おんてき》を断じます。スピードの競争などをしていると、ついカッとして事故を起こしますよ、ということでしょう。

斧鉞《ふえつ》は官難を除くといいます。官はお巡《まわ》りさんですか、信号を守り、スピードを守れば官難に会うこともないでしょう。

⑤如意輪観音《にょいりん》（81ページ写真）——如意とは心のまま、ということ、輪とは初めも終わりもない自由、自在。意味はおのずからわかります。この如意輪を持って、人間の迷いを断ち、さらに、心のままの自由な安らぎを生む観音さまといえます。手に宝珠を持ち、如意輪を背に持っていらっしゃることが多いようです。

主に貪《とん》、瞋《じん》、痴《ち》の三毒を断って、安らぎを与える観音さま、ともいえます。

⑥不空羂索観音《ふくうけんさくかんのん》——羂索の羂は鳥や獣をとらえる網《あみ》、索は魚を釣る糸で、この観音さまは、その網を煩悩の山野に張りめぐらして、煩悩の火にやかれている私たちを捕え、生死輪廻《しょうじりんね》の苦海《くがい》に索《いと》をたれて、苦悩している私たちを釣りあげてくださるのです。

不空というのは、けっして失敗はしない、ということで、その網はさらに「四摂法《ししょうぼう》」という網です。四摂法とは、布施《ふせ》・愛語《あいご》・利行《りぎょう》・同事《どうじ》をいいます。布施は、人によくしてあげるということ、愛語は、慈悲のこもった言葉。利行は、相手の身になってみること、同事は、形を変えて人びとに近づき、同じ仕事にいそしむことです。

心から言葉をつくし、人びとが本当に喜ぶような行ないをみんなと手をつないで網をつくって、私たちを引き寄せ、観音さまに同化させようというのがこの観音さまの願いです。

みんなで、この観音さまの心を心として、手をつないで世の中をよくしていきたい、という私たちの中にあるささやかな願望を引き出してくださる観音さまです。

⑦准胝観音《じゅんていかんのん》——馬頭観音が、多くの場合、男性で象徴されるのに対してこの准胝観音は、

だいたい、女性で示された観音さまです。准胝というのは、サンスクリット語の音をそのまま写した名称で〝妙〟とか〝清浄〟とかいう意味です。

つまり会う人の心を美妙清浄にする観音さま、ということでしょう。

准胝観音は中国では七億仏の母、つまりあらゆる仏の母、といわれていたようです。

日本には一つのお顔に八つの手のものと、一面・十八本の手の二種があり、本当にやさしいふっくらとしたお顔をなさっています。


こうした観音さまのほかに、狩野芳崖《かのうほうがい》が描いたことでも有名な悲母《ひぼ》観音や、私のお寺にも安産の観音さまがありますが、子育《こそだて》観音、子安《こやす》観音と、たくさんいらっしゃいます。

このように観音のお名はたくさんあります。ただ大切なのは、観音さまにめぐりあうことです。観音さまと対話させていただくとは、とりもなおさず、自分の心の中の観音さま、もうひとりの自分自身と対話し、〝いま〟をみつめ、観音さまのいわんとされるところを知って、新たな認識のもとに〝いま〟を生きぬいていくということです。

むなしさからの出発が大切

〝そのとき、無尽意菩薩は、座より立って〟とある——何ごとも〝発端〟が大切です。目が醒《さ》めたとき、お茶を飲みたいな、と思ったとき……いずれも、私たちは〝そのとき〟から行動を起こします。これを〝永遠の今〟といいます。

私たちにとって、現代は、どうにもこうにもむなしくてやりきれないときだ、と観じるなら、このときから「観音する」のです。ということは、まず照見《しょうけん》する（自分をみつめる）ことからスタートします。

しかし、むなしいと知るだけで終わってしまうと、カミュのいうとおり、自殺するしか道はないでしょう。

人間、生まれてきても、どうせ死ぬ。だから、人生なんてむなしいものだ。花は美しい、しかし、やがて散る。だから花なんてちっとも美しくないし、むなしいものだ……ここで終われば、単なるニヒリズムです。人間は死ぬ、花は散る。だから、むなしいものだ、と知って、その厳然たる事実を踏まえ、このニヒリズムをもう一度空《くう》じて、逆転して、たった一人しかない自分、たった一度しかない一生を生かしきること、美しいものは美しいと知ること、それがほんとうに「空しさ」を知ったさとりです。

何を私たちはあくせくするのか？　こんなに急いでいいのか？　左手に軍持《ぐんじ》、右手に数珠《じゅず》の十一面観音が多くの霊場にまつられています。近くでは、坂東《ばんどう》三十三カ所第一番の杉本寺《すぎもとでら》にあります。軍持手はすべての欲望を満たすサイン、数珠は煩悩を断つサインであることはすでに述べましたが、一見、この矛盾する二つのサインを出して、観音さまがいおうとされたことは何であったか、を思い出していただきたい。

すべての欲望を満たすと同時に、そういう欲望のもととなる煩悩を制し、整理する――つまり〝足《た》ることを知れ〟ということが第一です。

「足ることを知る」というぜいたくな英知

先述したように欲望は社会を進歩させます。すべての欲望を満たそうというエネルギーがなければ、人間は進歩しません。しかし、その欲望を満たそうとする一方に、その欲望を満たすことのむなしさを知っていないとどうなるか？

それが、まさに肥《ふと》りながら痩《や》せていく現代人の姿ではありませんか。海は汚れ、生物たちは滅び、自然を奪いつくされた荒涼さの中に放りだされた私たちの姿ではありませんか。

欲望を満足させることも、それは容易なことではないけれども、足ることを知るのは、もっとむずかしいことです。ひたすら、経済の高度成長を念じ、物質の豊かさのみを追求してきたことによって、生じたのが現代のむなしさ、心の荒廃だとするなら、現代文明に感謝するとともに、文明を文明たらしめる、さらに大きな眼を開く〝そのとき〟が〝いま〟です。いまこそ、考えるべきときです。

無尽意菩薩が立ち上がった〝そのとき〟が、私たちが立ち上がるときです。爾時《そのとき》の爾は「なんじ・あなた」とも読みます。「私のとき」なのです。

豊かなることのむなしさを知る「私」の育成が、いまいちばん大切なのです。また「足ることを知る」きわめてぜいたくな英知を必要とする「このとき・私のとき」だと信じます。

名古屋の近くの一宮《いちのみや》市妙興《みようこう》寺の夏季講座のときです。この会に、ひとりのアメリカ人が参加していました。彼はサンフランシスコの一流のデザイナーだそうです。坐禅をする理由を聞くと、「商売が繁盛して体がいくつあっても足りないほど忙しく、そして、もうかって仕方がないからだ」といいます。

重ねて問うと、「日本では『死んで持っていけるお金はない』というそうだが、私もそれに気づいたのだ。だが、家族もあるし、商売をやめるわけにもいかない。働かなきゃいけない。しかし、いまのように無目的な、盲目的な働き方じゃなしに、働くオレとは何か、と自分をしっかりつかんでから働きたくなった。それが禅に入る動機だ」といいます。

自分をしっかりつかんで、はじめて「足ること」がわかるのです。それほどむずかしいことです。自分自身との闘いだからです。

けれども、これを知らずしては、いま、私たちをとりまいている、公害をはじめ多くの文明の〝難〟は解決しないのではないでしょうか？

観音巡礼とは自己再発見の旅

いま、アメリカでは砂をいじること、土をいじること、山に入って、電気ノコギリを使わずに、手斧《ておの》で木を倒したり、畠を耕やして種を蒔《ま》くことなどが最高のぜいたくなレジャーになっているそうです。これが一番いいというわけではありませんが、かつてない富をきずきあげた人間が、そのむなしさを知って、なんとか人間らしい本来の歓《よろこ》びにみちた生活をとりもどしたいと、手さぐりをしている一つの姿でしょう。

「ああいやだ。こんな世の中はたくさんだ！」

といってみても、禅を組むアメリカ人のいうとおり、家族があり、社会がある私たちが、いま、それを一ぺんに投げ出すわけにはいきませんし、解決にもなりません。

ではどうすればいいか。それは、ひるがえって、真に〝足ることを知る〟ことの内容をじっくりと考えてみることです。

「観音経」五百二十文字に結び七十八文字、計五百九十八文字は、それを語ろうとしているのです。観音さまと同行二人《どうぎようににん》――じっくりと、まず、自分自身をみつめてみることです。

そのために「観音経」を読み、日常の時間を離れて、休日に巡礼の旅を試みるのも一つの方法だと思います。

坂東《ばんどう》三十三カ所、西国《さいごく》三十三カ所、秩父《ちちぶ》三十四カ所、これらの札所《ふだしょ》には、人生の難関難所を模して、さまざまの難所がもうけてあります。それもまた古人の慈悲と知恵でしょうが、今日、そこを歩いてみると、またいっそう考えさせられるところがあります。

というのは、今も昔も変わらぬ古木のうっそうと繁った自然があり、文明におかされて、見るかげもなく荒れはてた道もあり、さながら今の世相を写しとった感があるからです。

そうした道を、ひとり、きびしい坂道に汗をかき、ときには、友人や恋人、妻子と手をつないで歩き、観音さまにめぐりあおうとすると、やがては、あなたが今日まで忘れていたあなた自身を発見できるでしょうし、人生の新たな出発の手がかりや人生のほんとうの歓びが何であるかを見いだすことができるでしょう。

少なくとも、あなた自身について改めて考え直してみることはできるはずです。

そのために、観音さまは、今も昔も変わらぬ姿で、そこにあなたを待っておられます。

レジャーを楽しむための、海外旅行もいいでしょう。しかし、もっと手近にある私たちの先祖が歩いた道を、その面影《おもかげ》を思い浮かべながら巡礼するのは、さらに意味があると思います。巡礼遍路《へんろ》も、地上の旅であるとともに、あなたの人生遍路でもあるのです。地上の旅に難所があるように、人生にも三十三番とか八十八カ所とか、百番という「角番《かどばん》」のあることを実感するのです。

現代の苦悩の解決は自分で「自己規制」する以外にないといわれます。しかも、規制する自分が、いかに貧弱であるかを思い知るのが何より先決でしょう。「観音経」を学び、観音さまにめぐりあうとは、自己を学び、自己に会見し、自己を規制し、そして人間が人間にめざめることである――と重ねて申します。

つづく第二部では、この偈文《げもん》の部分を中心に据《す》え、長行《ちょうぎょう》をふまえて「観音経」のこころを学んでゆきたいと思います。

第二部　「観音経」偈文《げもん》598文字を読む

「観音経」の概要と構成

「観音経」(観世音菩薩普門品《ふもんぼん》)は、わが国では「般若心経」と並んで、昔から信仰されているお経です。本文(長行《ちょうぎょう》)と詩(偈文《げもん》)の二部から成ります。

長行《ちょうぎょう》は、無尽意菩薩《むじんにぼさつ》が、なぜ、観世音菩薩と名づけられたのかと問うたのに対し、釈尊が、「人々がさまざまの苦悩を受けねばならぬとき、この観世音菩薩の名を一心に唱《とな》えるなら、この音声を観《かん》じて、いわゆる七難をはじめ、すべての苦悩をまぬがれるからである」と答えられるところから始まります。

また、「観世音を常に礼拝するなら、よき子どもも授《さず》けられる。さらに一時でも観音の名号《みょうごう》を念じ礼拝するなら、大きなしあわせを得られる」とも説かれます。

すると、無尽意菩薩は「観音は、どのような方法で説法するのですか」と問います。釈尊は「対する者に応じて救いを行なう」と答え、信仰を支えとして、人生の旅をつづけるなら、「何も恐ろしいことはない」と、「安らぎ」を与えます。

ここで、無尽意菩薩は、自分の頸《くび》にかけていた瓔珞《ようらく》(装身具)を外《はず》して観音に贈ろうとします。観音は辞退しますが、釈尊のすすめによりこれを受け、二等分して、一つを釈尊に、一つを多宝塔《たほうとう》（多宝仏のいる塔。多宝仏は『法華経』以前のすべての教えを象徴する）に納められます。

瓔珞は、無尽意菩薩（実は『観音経』を聞く私たち）のこころのことです。このこころを返すべきところへ返すのです。人間のこころの行きつくところ、帰るべきところがわかって、はじめて心が安らぐのです。この返すこころは、また他に施《ほどこ》す願いとなります。これを無所得《むしょとく》（自分の物と思う物は何一つない）のこころといいます。

身近な現世利益《げんせりやく》を説きながら、この最後に無所得の大乗仏教の理念に到達させます。現世利益追求の素朴な希望から無所得の境地まで、気長に手を引き、なだめすかして目的地にたどりつかせる――それが観音のこころであり、願いなのです。

長行《ちょうぎょう》はここで終わりますが、次につづく偈文《げもん》は、長行《ちょうぎょう》の要点を、詩の形で再説したものです。釈尊のこころは、口から耳へと伝えて記憶しましたから、記憶に便利なように要約されたのです。偈文《げもん》は、正しくは『妙法蓮華経観世音菩薩普門品偈《みょうほうれんげきょうかんぜおんぼさつふもんぼんげ》』、略して『普門品偈《ふもんぼんげ》』とも、『世尊偈《せそんげ》』ともいいます。

なお、文中の偈文末尾の番号は、偈文全文（12～14ページ）の順序と照合するために、便宜的に付けたものです。

(1)　今、何をなすべきか

――〝微笑〟のほんとうの意味

世尊《せそん》妙相《みょうそう》具《ぐ》　我今《がこん》重問《じゅうもん》彼《ぴ》　仏子《ぶっし》何《が》因縁《いんねん》　名為《みょうい》観世音《かんぜおん》　①

妙相《みょうそう》を具《そな》えたもう釈尊に　私は重ねて問う　尊い人間性を持った人間をなぜ観音さまという名でお呼びになるのですか？

――観音さまはエリートではない。人なみ以上に悩みを持つ。この悩みをみつめ、学び、思索して、自分と他人のしあわせを願うあなたのこころが、観音さまである。

苦悩を秘めた微笑「妙相《みようそう》」

前章で無尽意菩薩《むじんにぼさつ》が釈尊に質問するところから、「観音経」が始まると申しました。この本文（長行《ちようぎよう》という）を暗記しやすいように詩の形にまとめて、長行につづいて収録されている観世音菩薩普門品偈《ふもんぼんげ》（略して普門品偈・世尊偈《せそんげ》という）も、右のように同じ問いから始まります。

ここでは「妙相《みようそう》」について、考えましょう。

いつだったか、薬局で買い物をしたら、『化粧《けしよう》新聞』というのをくれました。見ると、上質のアート紙に、鎌倉《かまくら》の円覚寺《えんがくじ》の朝比奈宗源《あさひなそうげん》管長と、当時のラジオ・スターの北原文枝《きたはらふみえ》さんの対談の写真が載《の》っています。北原さんが〝化粧〟について、管長さんの意見を聞くと、「燈籠《とうろう》のようなものだな。どんなりっぱな燈籠でも、中に灯がついていなかったら美しくないな」

と気さくな答えですが、意味はきわめて深い。外見の美しさや、かっこうのよさでなく、内にひそんでいる尊い人間性が、言動や容姿ににじみ出た状態を、経典では『妙相』といっています。いいかえると、身も心も澄んだすがたです。清澄《せいちよう》だから、人の悲しみや苦しみがよく写《うつ》り、よく観《み》えるのです。

現代でも、自分の仕事や芸道に徹した人の顔に見うける〝彫りの深さ〟もまた妙相の一つです。そうした妙相は三十二様《よう》あるというので『三十二相《そう》』といいます。釈尊《しやくそん》は、そのすべてを具《そな》えられたといいます。

この妙相の一つに前記の『古拙《こせつ》の微笑』があります。この微笑を、私は〝苦悩を秘めた微笑〟と申したい。しかもこの苦悩は、自分の苦悩ではありません。他の苦悩をわが苦悩として胸奥《きようおう》に涙を秘めて、悲しんでいるときに、ふっと口辺《こうへん》に浮かぶ微笑です。

悩みを持つ人間は、ほとけさまにいろいろと救いを求めます。それが適《かな》えられるときも、適えられないときもありますが、そのいずれもが慈悲です。それは、親子の場合も同じでしょう。

「よしよし」といって、すぐに応じてくれるときもあれば、そうでないときもあるのです。子どもは、やたらと無理をねだります。

このとき、（与えぬ私のほうが苦しいのだ。与えたくても与えない私のこころを、早くわかっておくれ）と、祈るように子どもの顔をのぞきこむときの親の口辺には、必ずこの微笑が浮かんでいます。

子どもどころか、一人前の人間でも、その欲望は無限です。この無限の欲望の満足を追求する限り、（あなたは苦しむばかりだよ、自分だけの幸福の追求を、どうか、ほとけの誓いに転換するように、私の教えを聞いておくれ）と、逆に人間に祈るほとけの願いを、この微笑が語っています。

ほとけは、神と違い、全知全能ではありません。ただ一刻も早く『因果《いんが》（必然）の法則』にめざめるように——と、人間に願い、教えを説くのが、ほとけです。

象徴人物でなければ表現できない知恵

ところが、わからずやの人間はなかなかめざめてくれません。

それを〝無理もないが、苦しみが苦しみと気がつかないのは、どんなにか苦しいだろう〟と、やんちゃ者の人間の苦悩をわが苦悩として嘆《なげ》きながらの微笑ですから、数ある妙相の第一に数えられるのです。

そして、「観音経」の場合、釈尊の妙相は、また観音さまの妙相でもあります。本書の第一部でも申しましたように、釈尊は実在されましたが、観音さまは歴史的に実在されたお方ではありません。釈尊のさとりの内容と、そのさとりから生ずる人間への願いを表象《ひょうしょう》されたのが観音さまです。それゆえに、釈尊と観音さまとがいつも二重写しになっているのが

「観音経」の性格です。

ここで、『如意輪観音像《にょいりん》』（左ページ写真）を、よく拝んでください。その〝妙相〟に、じっと手を合わせると、むずかしいお経の意味がすっと胸の中に流れこみます。読書だけでなく、実際に本人に会い、ものの言い方や、せきばらいを聞いたり、その場の空気に浸《つか》ると、文字や言葉をこえて身にしみいるものがあります。

お経の場合、とくに仏像に親しく接することが大切です。

釈尊に質問する「無尽意菩薩」は、お経のうえの「人」で、歴史上の実在人物ではないのです。

実在人物と、まぼろしの人物との対話というと、とりとめのない、でたらめな感じがしますが、そうしなければ表現できないものが、人生の側《がわ》にあるからです。そのことを、もっとも鮮烈に感じ、痛切に悩まれたのが釈尊だったと、私は思います。

では、「無尽意菩薩」というまぼろしの人は何を象徴し、表象するのでしょうか。原語の梵語《ぼんご》では、アクシャヤ＝マティで、「尽きることのない意志を持つ」という意味です。この偉大な意志を、原典では、「華麗《かれい》な旗印《はたじるし》を持つ者」とたたえます。漢訳は「無尽意菩薩」ですが、無尽意には、また、ほとけの教えの無尽であることがうたわれています。

（写真／飛鳥園）

如意輪観音像（観心寺）

無尽意菩薩の質問は、経典上のことであるとともに、「観音経」を読むいまのあなたの質問です。ここに、釈尊・観音さま・無尽意菩薩を、はっきり実感してください。妙相をそなえた釈尊が、あなたにお答えになります。

具足妙相尊《ぐそくみょうそうそん》　偈答無尽意《げとうむじんに》　汝聴観音行《にょちょうかんのんぎょう》　善応諸方所《ぜんのうしょほうじょ》　②

弘誓深如海《ぐぜいじんにょかい》　歴劫不思議《りゃくごうふしぎ》　侍多千億仏《じたせんのくぶつ》　発大清浄願《ほつだいしょうじょうがん》　③

よく聞くがよい　観音の行を　いつ・どこでも　みんなの役に立とうと
海よりも深い久遠《くおん》の誓いのもとに　無数のほとけに侍《つか》えて
この清らかな願いをたてたのだ

「信じる」というほんとうの行為とは？

〝いつ・どこでも、みんなの役に立とう〟というと、ちょっと手が出ない、（やめた！）という声が出そうです。しかし、無限は「一」からはじまります。自分の身辺の誰か一人によくしてあげれば、その人は、また誰かに必ずよくしてあげるにきまっています。行為が行為を生んで、無限につづきます。

たしかに、自分一人では何もできません。しかし、自分がはじめなければ、また何もできないのです。私は、「一人では何もできない。しかし、一人がはじめなければ何もできない」という言葉が好きです。この絶対の「一人」になろうと自分をふるい立たせるのです。それが〝海よりも深い久遠《くおん》の誓いのもとに、無数のほとけに侍《つか》えて、この清らかな願いをたてる〟ことになります。

「無数のほとけに侍《つか》える」とあるのも、身辺の一人にこころをこめて仕《つか》えることによって、無限に展開されてゆきます。「侍える」ということばは、実にすがすがしい響きを持っています。

キリストにも、「われは人に仕えんがために、この世に生まれた」との意味の発言があったように思います。「奉仕」とは、もともと神に仕えるこころで、人に接することです。それを仏教では「侍える」とも『供養《くよう》』ともいいます。

清らかな願い――清浄願《しょうじょうがん》とは、不浄に対する清浄ではありません。浄と不浄とを撰《え》りわける差別心のない、偏頗《へんぱ》な心のない願いです。それこそ、清濁《せいだく》あわせいれる大海にも似た、深いこころからの誓いと願いをいいます。

鎌倉の円覚寺《えんがくじ》に住した釈宗演禅師《しゃくそうえんぜんじ》（一九一九没）は、若年で管長となり、アメリカにも禅風を広めた高徳の禅僧です。しかし、少年時代は、なかなかのわんぱく者でした。京都の建仁寺山内《けんにんじさんだい》の両足院《りょうそくいん》にある「群玉林《ぐんぎょくりん》」という塾で勉強していたころです。

ある夏の日、やかましい塾頭の俊崖《しゅんがい》和尚《おしょう》がめずらしく外出したので、小僧たちが、このときとばかり涼しいところを選んで、ごろごろと横になりました。

しかし、寝おくれた宗演小僧は、好適な場所をとられてしまい、やむなく、本堂から塾頭さんの居間に通ずる狭い渡り廊下で、ようやく手足を伸ばしました。そのとたん、塾頭の俊崖和尚が、思いがけず帰って来たからたいへんです。他の小僧たちは早く気がついたからよかったが、宗演小僧は気づくのが遅すぎました。

彼は、あっと思ったものの、もはやどうすることもできない。ままよ、叱られたり、なぐられたら起きてあやまろう、と腹をすえてタヌキ寝をきめこみました。

和尚は彼の横で立ちどまりました。彼は気が気ではありません。そっと、薄目をあけてみると、和尚は低声で〝ごめんなさい〟といって、彼をまたいだのです。それも彼の足のあたりを、うやうやしく合掌しながら――。

後に、管長という最高の地位についてからも、宗演禅師は、このときのことを常に人に語られたそうです。

「あのときは、全身まっかになった。口では〝衆生無辺誓願度《しゅじょうむへんせいがんど》（すべての人間を救おう）〟と唱えるが、タヌキ寝と知りながら、こごと一ついわずに合掌して、わしをまたぐにも、わしを大切に思って、すそのほうをまたがれた和尚の徳で、今日の自分があるのだ」と。

私は、この逸話を秋月竜珉《あきづきりゅうみん》師から聞いて深く感じ入りました。「人を信じよ」というのはやさしい。しかし、いかなる人の底にも存在する〝ほとけのこころ〟を信じ、拝んでこそが、人間を人間たらしめる尊厳性を敬《うやま》うということなのであり、それによって人間性が開発されるのです。

無名の小僧のタヌキ寝を軽蔑せず、〝あなたには、ほとけのこころが宿っている。必ず、思い出しておくれ、めざめておくれ〟と合掌した俊崖和尚は、観音さまが、「無数のほとけに侍えて修行して、清らかな願いをたてた」ことに通じます。

俊崖和尚は、タヌキ寝の小僧の中に観音さまを拝みました。宗演小僧にとっては、俊崖和尚は、観音さまです。なぜなら、彼のこころをめざめしめたからです。

さらに、俊崖和尚の言動が、このように受けとれたのは、宗演小僧に宿っている〝ほとけの知恵〟のはたらきです。このことを、この経典では次のように説かれます。

具足神通力《ぐそくじんづうりき》　広修《こうしゅう》智方便《ちほうべん》　十方諸国土《じっぽうしょこくど》　無刹不現身《むせつふげんしん》⑱

（観音経は）神通力と　広大な知恵の方便《ほうべん》によって

どこにでも在《いま》すから　いつでも観音さまに　めぐりあえるのである

「心配」とは「心を配《くば》る」ことだ

浅草の観音さまのお堂の正面左右に、大きな柱聯《ちゅうれん》（柱掛け）があります。左方には『仏身は円満にして背相《はいそう》無し（仏身円満無背相）』と書かれてあります。ほとけには、背面がない。誰のほうにも、顔を向けておいでになります。それを受けて右方の柱聯に『十方来人《じっぽうらいじん》に坐《すわ》して対面す（十方来人坐対面）』とあります。どこからでも来る人に、こうしてここに坐っている、ということです。

神通力というと、ある種の魔術を考えますが、正しくは、なにものにもさえぎられない自由自在のはたらきをさします。また「神に通ずる力」でもあります。神と人とを橋わたしするのは「まごころ」です。人をしあわせにしたいと、こころを細《こま》かく配《くば》ると、しぜんに自由自在に身体も動きます。いろいろの障害を越えることもできます。

近代の禅の高僧とたたえられた山本玄峰《やまもとげんぽう》老師（一九六一没）は、よく〝心配はしなくてはならぬ。してはならぬのは心痛だ〟といわれました。心配とは、心をあれこれと配《くば》ることです。老人にあったら老人の身になり、病人に出会ったら病人の身になって心を配るのです。すると、しぜんに自由に思いやりの心が働く。心痛とは、自分だけのことに心を痛めることで、むだなことだから、してはならぬとの教えです。このことは、また「広大な知恵の方便」にも通じます。

方便とは、人をほんとうの教えに誘導するための仮《かり》の手段のことです。つまり、教育的方法です。〝うそも方便〟といいますが、うそを通すためのうそなら、方便ではありません。世の中には、うそによらぬ限り、どうしても通じないまごころがあるのです。そのまごころを伝えるためには、なんとしてでも、うそをつかねばならぬことがあります。そのようなうそを方便といいます。経典の中に、いろいろの譬喩《ひゆ》やフィクションがあるのは、この知恵の方便なのです。

「微笑とは、凝視《ぎょうし》に咲く花」

私が、この書きはじめに「観音さまとは、あなた自身である」といった古人の言を引きました（31ページ）。私たちが、誰かをしあわせにしたいと願うこころが起きたとき——このときが、私たちのこころに観音さまが現われたときです。

観音さまの誓いは〝みんなを救いたい〟ということです。観音さまの願いは〝みんなよ、救われておくれ〟です。平たくいえば「みんながしあわせに！」に尽きます。先に、妙相の一つが微笑だと申しました。私たちも、心からの微笑で周囲をしあわせにすることができるのです。

私は毎日新聞の読者歌壇で見受けた天竜市《てんりゅう》（現・浜松市）の小川平作《おがわへいさく》さんの入選作「よろこびを持ちて帰ればほほえみて　待てるがごとし亡母《はは》の写真《うつしえ》」が忘れられません。

勤務先で、あるいは途中で、なにか亡母が喜んでくれるような出来事——それも亡母が生前に教えていてくれた意味がわかったとか、実行できたとかいうような深いものでしょう。早く報告して喜んでもらおうと急いで帰ると、写真の亡母が帰りを待ちわびてほほえんでいてくれた——というのです。私は、たまたま乗りあわせたタクシーの運転手さんが、ぽつりと、

「お客さん、死んだ母が、見守っていてくれることが、このごろやっとわかってきました。大きな事故もなく今日まですごせたのは母のおかげです。まだ仏壇が買えませんのでね、タンスの上に母の写真を飾っています。帰宅すると〝おっ母さん、ただ今。ありがとう、今日も無事故だったよ〟と手を合わすと、お母さんがほほえんでくれるんですよ、うれしいなあ！」

と語ってくれました。私も感じ入って、この小川平作さんの短歌を告げると、下車するときにぜひ書いてくれと、せがまれるので書いてあげました。そのときの運転手さんの笑顔が忘れられないのです。このとき以来「微笑は凝視に咲く花」だと思っています。観音経入門にあたって、まず微笑の実行をしようではありませんか。そして、あなたのまわりに明るさを提供しようではありませんか。すると、あなたの行くところ、どこにでも香り高い、明るさいっぱいのしあわせが生まれます。

数年前に亡《な》くなった紀州の古座川《こざがわ》町の山中に住した堀江蘭外《ほりえらんがい》というお坊さまは、俳僧《はいそう》として有名でしたが、晩年に「無所住《むしょじゅう》に住して花の主《あるじ》かな」という格調の高い名句を残しました。

無所住とは、住むところがないというのではなく、座標軸（位置を定める基準）の否定です。どこへいってもいいこと、つまり、「観音経」の「善応諸方所《ぜんのうしょほうじょ》」です。どこへいっても、精いっぱい誠意を持っているなら、どこでもしあわせがついてまわります。

(2) 姿と心を調《ととの》える
――もう一人の自分の発見

我《が》為《い》汝《にょ》略《りゃく》説《せつ》　聞《もん》名《みょう》及《ぎゅう》見《けん》身《しん》　心《しん》念《ねん》不《ふ》空《くう》過《か》　能《のう》滅《めつ》諸《しょ》有《う》苦《く》　④

われ、おん身のために再び略して説こう
観音のみ名を聞きなさい　みすがたを拝みなさい　心に念じなさい
このようにして空《むな》しく過ごさなかったら　すべての苦から必ず解放される

「鏡を見るのは鏡に見られることである。ほとけを拝むのは、ほとけに拝まれることである」

蘇東坡《そとうば》――「観音は誰を拝んでいる？」

〝み名を聞きなさい〟とは、「南無《なむ》観世音」とみ名を唱《とな》えなさいということ。〝みすがたを拝みなさい〟は、観音のお像を拝みなさいという意味です。さらに「心に念ず」とは、さきに説いた観音の誓願の行をおもい「空しく過ごさなかったら、すべての苦悩から脱しられる」とありますが、この「空しく過ごさぬ」ということが大切です。

今日という日は二度とはありません。〝かけがえのないたった一人の尊い自分だ。うかうかしていては大変だ〟と気がつくと、ものの言い方、考え方、行動のあり方を学びたくなります。

去る大戦中のこと、私の寺へよく参詣に来る遺族の母子がありました。ある日、そのお母さんから、

「さきほど、子どもと観音さまを拝んでいると〝お母さん、観音さまもぼくたちと同じに両手を合わせていらっしゃるね。観音さまは何を拝んでいらっしゃるの？〟と、聞かれて困っております」という大変な質問を受けました。このとき、私の頭に浮かんだ話があります。

中国の宋《そう》時代の有名な文学者であり政治家であった、博学多才の蘇東坡《そとうば》（一〇三六～一一〇一）が、高僧の仏印《ぶつちん》禅師とつれだって歩くうちに、路傍の馬頭《ばとう》観音の石像の前に来まし

た。禅師は、話をやめて観音さまに礼拝をします。それをみて、蘇東坡は、禅師に、「人間が数珠《じゅず》を手にかけて観音さまを拝むのはわかるが、観音さまは数珠を持って何を念ずるのか」と、同じ質問をするのです。

蘇東坡にもわからない難問を、小学校五年生の遺児が聞きます。大人は、人生に慣れると何ごとも不思議と思わなくなり、感激も薄れるのでしょうか。父を亡くし、家を焼かれ、母と貧しい生活をしていたこの子は、観音さまのすがたを拝んだとき、現代の大人には聞こえない「呼びかけ」が聞こえたのです。

仏印禅師は、蘇東坡に対して、あっさりと「人に聞くな、自分に問え」と、つっぱねます。自分で追求しろ、他から教わったのではだめだ、と手きびしいのですが、私の場合は、相手が小学生ですから、できるだけ説明しなければなりません。

“君の中に拝まれるこころがある”

「君は、鏡を見るだろうね。君が両手を合わせて鏡を見たとき、鏡の中の君は誰に向かって手を合わせている?」と聞くと、明快な答えが、はねかえってきました。「ぼくに向かってです!」と。この答えは素晴らしい。しかし、子どもだけに、その内容は味わえないようです。そこで私は、少し助言をしました。

「君のするとおりに鏡に映るね。観音さまと鏡と違うのは、君が拝まなくても、いつ・どこにでも、君を拝んでくださるお方がいらっしゃる。現に観音さまは、君を拝んでいらっしゃるじゃないか」

子どもは、なお不審そうです。私は言葉をつづけました。

「観音さまが、手を合わせていらっしゃるのは、君の中に拝まれるこころがあることを教えてくださっているのだ。深いところにあるので気がつかないか、思い出せないだけなのだよ。

いまは気がつかなくても、いつか必ずわかるよ。いまの君に大切なことは、〝ぼくは、観音さまから拝まれるこころを持っている〟と信ずることだ。その君が、お母さんにつまらぬ心配をかけていいか、また君自身が悲しがったり淋しがったりしていいか、わかるね。それでもどうにもならぬときは、もう一度観音さまを拝みたまえ。観音さまは（苦しかろうけれど、早くわかっておくれ）と君を拝んでいらっしゃるんだよ……」

私の説明も、これが限度です。どうしても説明できないものが人生にはあるのです。説明できるのは知識の領域内の問題です。知識で理解できたものを、さらに経験を積み重ねて実感し、心に深くうなずけてこそ人生がわかるようになります。これが知恵のはたらきです。
釈尊の教えは〝苦労人の宗教〟です。人生苦に追いつめられ、思考力もせっぱつまると、ぱあっと胸の中に静かな爆発が起こります。自分の中のもう一人の自分が目をさまします。偽《いつわ》りや見せかけでない本当の自分（自己という）に出会えます。真実の人間性が開発されます。あなたをして、あなたたらしめている大きないのち――こころといってもいい――に対面できます。〝観音とは、おんみ自身なり〟とは、こういうことです。

人生苦と災難は別のものではない

いうまでもなく、鏡を見るのは、ガラスを見るのではなく、自分を見ることです。そして、容姿を整《ととの》えるはたらきを呼び起こします。仏像を拝むのは、自己を拝むのです。心を調《ととの》えるのです。

誰でも、容姿を「整」え、心を「調《ととの》」える『整調』が大切です。わが国では、鎌倉・室町時代からいまの壁掛に似た『懸仏《かけぼとけ》』が盛んにまつられました。まるい鏡の上方に仏像のお顔が浮きぼりにされています（円鏡は神道のご神体で、神仏習合《しんぶつしゅうごう》〈神・仏の信仰の融合調和〉から来たものと思われる）。この懸仏を拝むと、神仏を同時に信仰できると教えられたのです。

「懸仏」の方式はおもしろいと思います。新しい型の懸仏を考案して、団地の一室に掛けて、容姿と精神とを同時に整調する時間を持つことは、現代にはとくに必要です。鏡を見るのは鏡に見られるのです。仏像を拝むのは仏像に拝まれるのです。自分と対象（客体）が、このように一体になるのを『一如《いちにょ》』といいます。二つであって二つでない、〝相互乗入れ〟の完全融合の心身の安らぎの状態です。

仏教は「私たちが苦しいときに救いを求めて手を合わせるだけではありません。その遥か以前から、諸仏が先に合掌して、人間性の開発を願って人間を拝む宗教」であると信じて、はじめて仏教がわかるのです。この「信」の立場から「観音のみ名を聞き　観音のみすがたを拝み　観音さまから拝まれるこころを保有していることを信じて　空しく過ごすことがなかったら　すべての苦から必ず解放される」といわれるゆえんです。

この「苦」は、人生苦であり、また生涯のどこかで出会う災難も含みます。というよりも、人生苦と災難とは別のものではないと見るのが、この経の大切な点です。よく『七難』といいますが、それにさらに『三毒』を加え『七難三毒』と展開されます。

(3) 火難《かなん》――怒りについて

――無くてはならぬものは何か？

仮使興害意《けしこうがいい》　推落大火坑《すいらくだいかきよう》　念彼観音力《ねんぴかんのんりき》　火坑変成池《かきようへんじようち》 ⑤

害意を持たれて　火の中に落とされても
観音を念ずれば　火の坑《あな》は池と変わる

――火災はおそろしい。瞋《いかり》の炎は、なおおそろしい。すべての善行を焼きつくさずにはおかないから。

焼けつくしても焼けないものがある

まず七難の一つの「火難」です。私の寺は、創立以来三百年の歴史しかありませんが、この間の人災、天災、戦災を幸いまぬがれてまいりました。

しかし、形のあるものは、いつかはこわれ、焼けるのです。私は出征中に継母を戦火で失いました。それなら「火難」をまぬがれるご利益とはどういうものでしょうか。いうまでもなく『焼けない事実』を発見させてもらうことです。焼けてもなおあとに残るもの、焼けてもなお、焼けないものがあることを教えられるということではありませんか。

火事がなかったら、焼け残る尊いもののあるのがわからなかったかもしれません。焼けたからこそ、焼けても焼けないものの存在を知ることができるのです。

戦後、熱海《あたみ》に大火がありました。そのあと間もなく同地で講演するにあたり『火も焼く能《あた》わず』との演題を出しましたら、司会者が大変に気をもむのです。大火でみんなが気が立っているのに、いいのかといいます。私は「観音経」に教えられてあるから大丈夫だ、といって話をすすめました。

家も財産も焼かれ、焼死者もあります。頼りになるものは、すべて焼かれたのです。焼けるものは、みな焼けつくしたのです。私は、心こめてお見舞いの言葉を述べるとともに「このように焼けつくしても、なお、何か焼けないものがあるはずです。それは各自それぞれ違います。この焼けないものに気づかれると、大きな元気がわきあがります」と念じながら語りました。

また「各地へ避難されるのはやむを得ないが、どこへ行っても、それは一つの旅です。必ず〝帰るところ〟のあることを忘れないでください。帰るところへ帰って、はじめて人間は落ち着けるのです」とも申しました。

「災《わざわい》を転じて――とは、災をはっきりと確認し、うなずくと、そこに福がほほえみます」とも言葉を添えました。最後に「観音経の偈文《げもん》には『火坑変成池《かきょうへんじょうち》（火の坑《あな》が池となる）』とあります。気落ちされたとき、災が福となるように『南無大悲観世音菩薩』と念じてください」とお話《はな》しして別れました。幸い、私の話は反感を持たれなかったようです。

私には、具体的な復興計画を提供する力は、もちろんありません。それよりも『心の復興』が肝要だと思いました。数日後、罹災《りさい》したある旅館の老夫人から、こまごました手紙をもらいました。正確には記憶していませんが、その主意は、

「私は、最近隠居したが、若い当主の息子夫婦との折合いがうまくゆかない。家にいてもおもしろくないので、この一、二年は毎日のように親戚や友だちの家を渡り歩いた。大火の夜

もよその家に泊まって、そこで焼け出された。自宅も焼けたから、完全に住むところがなくなった。いつまでも救護所におれないので、やむなく、若い者が建てたバラックに戻った。

大火前は、家にいても離れて住み、食事も別にしていたが、狭いバラックでは、そんなことはできない。しかたなしに一緒に住み、一つ鍋で食事をするうちに、どちらからともなく心がほぐれて、このごろは楽しく笑いながら食事をするようになった。明るい気持ちで再建の計画を話しあっている。

火災にあわなかったら、こんなに仲よく生活はできなかったろう。わが家を外にして、転々と泊まり歩いたのが今では恥ずかしい。帰るところを忘れていたのが悲しい。家は焼けても、親子の情は焼けない道理がわかりました……」と。

この老夫人は、彼女なりに「焼けても焼けないもの」にめぐりあったのです。大火の火が消えるとともに、わが心の底に燃えていた火を消せたのです。これが「念彼観音力《ねんぴかんのんりき》」です。

絶対の真理――「生ある者は滅びる」

「念彼観音力」の読み方はいろいろあります。また、これからずっと出てくるので、そのつど学ぶことにしますが、この章では、ふつう読まれているように「念ずる彼の観音の力」と受けとってください。

「念ずる」の原語（梵語）は〈スムリティ〉で、経験したことをよく記憶して忘れない心の作用の意味です。私たちが経験する人生の苦悩をごまかさずに、また簡単に割り切ったり、あきらめずに大切にしていると、必ず観音さまの〝みんなを救おう〟という大きな誓願力に出会えるのです。つまり、私たちの念と観音さまの念との相互乗入れが同時に行なわれたときに生まれる「力《ちから》」です。ここに「救い」の道理があります。苦悩を大切にして、苦しみなさいということです。

すると〝火の坑《あな》が池となる〟（火坑変成池《かきょうへんじょうち》）で、火難をまぬがれるのです。その例は、現在でもいくつかあります。しかし、その反面に観音さまを信じていても、私のように実質的な火災にあう人も多いのです。

人間はもとより、お仏像も焼けます。昔、中国の禅僧が〝木仏《もくぶつ》、火をわたらず。石仏、水をわたらず〟と教えています。「木像《もくぞう》の仏さまは火によわい。石の仏さまは水によわい」と、偶像崇拝を戒めます。そして、火にあって火に焼けず、水にあって水に溺れない永遠の教えを、仏像から学ぶがよい、と、仏像の正しい拝み方を注意しました。火にあって火に焼けずとは、焼けても焼けない教えを、火にあえば焼ける木像仏の中に凝視することです。

生あるものは必ず滅びる――これが法（真理）です。しかし、このゆえにかえって長命と無災を願わずにはおれない。それも人間の真情です。人生とは、この矛盾の中を生きてゆくことです。そこで、焼けても焼けないものもまた無数にあることがわかるのが、本当のご利《り》益《やく》でしょう。このご利益を得たのが『火坑変成池《かきょうへんじょうち》』という風光（こころの状景）です。

それは、真理を知って、はじめて楽しく清らかに生きる「生活原理」をつかむことにもなります。「生きる教え」を手に入れることでもあります。

ここで「法華経《ほけきょう》」第三章「譬喩品《ひゆぼん》」の『火宅《かたく》の喩《たと》え』をご紹介しましょう。「火宅」とは私たちがこの人生を生きていくについて、いろいろと悩み迷っている状態を「宅《いえ》」にたとえます。さらに、苦を苦と知らないのを、「焼けつつある宅」で表わし、焼死するとも知らずに遊びに夢中になっている子どもで説かれているのです。恐ろしい火難です。

「念仏《ねんぶつ》」とは真理を心に念じること

その子どもとは、レジャーを追い、しばしば官能の享楽にうつつを抜かしている現代人です。外を通る消防車のサイレンは聞こえても、よそごととしか思えないのです。「譬喩品《ひゆぼん》」では、戸外にいる「父」は気が気でないから、〝いい、おもちゃがあるよ〟とだまして、やっと子どもを救い出します。この「父」とは釈尊です。

親鸞聖人《しんらんしょうにん》は「譬喩品」をふまえて、

「煩悩具足《ぼんのうぐそく》の凡夫《ぼんぷ》　火宅無常《かたくむじょう》の世界は　よろづのこと　みなもてそらごとたはごと　まことあることなきに　ただ念仏《ねんぶつ》のみぞ　まことにておはします」（『歎異抄』）

「私たちは、あらゆる煩悩（心身をかき乱し悩ます精神作用）を欠かすことなく持っているし、住んでいる家にも火がついている。そのことも知らぬほど愚かな私たちだ。すべてみなうつろで、無常である。ただその中で念仏だけが真実である」と仏を念ずることの大切なことを述懐しています。

仏を念ずる――念仏とは、本来は真理（法）を心に念じ、口に唱《とな》えることです。親鸞聖人は「南無阿弥陀仏」と念仏するように説きました。「観音経」なら「南無観世音菩薩」と念仏すればよろしい。いずれを念じられても仏法に触れあえる点に変わりはないのです。それは、観音さまの宝冠に「阿弥陀仏」が奉《たてまつ》られている点からでも明らかです。

たとえば、数珠《ずず》のどの珠を一つ持っても、他の珠が全部つづきます。真珠のネックレスの一つの真珠を持つと、他の真珠がみな連《つら》なって持ちあげられます。それは数珠やネックレスを貫く糸や金線があるからです。

仏教には、たくさんのほとけさまがありますが、「信」の一本の糸で、すべてに連係していますから、一仏を念ずることが一切の仏を念ずることになるのです。「南無観世音菩薩」と念仏するのが「念彼観音力《ねんぴかんのんりき》」であり、同時に一切の仏を念じているのです。それが火宅の火を消し、煩悩《ぼんのう》の火を消すことになります。

「火難は怒り、自分まで焼き殺す」

この原稿を書いている今も、消防車のサイレンが聞こえます。火事のない日はほとんどなく、悲しい犠牲者も絶えません。しかし、実際には火災にあわぬ人のほうが多いのです。ところが、世界の人間という人間が、一人残らず刻々に遭遇《そうぐう》している『火難』があるのを、とかく忘れがちです。それが三毒《さんどく》、すなわち善行に害毒を与える三つの煩悩、貪《とん》（むさぼり）・瞋《じん》（いかり）・痴《ち》（知恵の曇り）の一つの『瞋《いかり》』です。瞋は、〈目をいからす・いかって目を張らす〉という意味です。

〝瞋恚《しんに》（恚も怒り）は、功徳《くどく》（善行）の林を焼く〟と釈尊は戒められます。怒りは血液中に毒素を生じ、自他の心身の平静を乱し、それまでの善行を全部消してしまいます。

怒りは、このように恐ろしい。赤鬼青鬼という怪獣は、私たちの瞋《いか》りの心の表象です。私も短気でよく怒ります。怒りで顔が赤くなるから、恥ずかしいが、私の「怒り型」は「赤鬼型」でしょう。人によっては「青鬼型」もありましょう。

この瞋恚心《しんにしん》が燃えあがりかけたとき、〝南無大悲観世音菩薩〟と念ずるのです。すると、怒りの火災は水をかけられたように消えて、心は静まります。

私は、ある先輩から「お前は気が短い。腹が立ったら〝オンニコニコ　ハラタテマイゾヤソワカ〟と呪文《じゆもん》を唱えろ」と忠告されたことがあります。それ以来、カッカしたときは、心中にこの〝呪文〟を唱えると、しばらくは気がおちつきます。

しかし、こんなことで心が安らぐほど人間は簡単ではありません。いつも、ほとけを念じて心身を整調することが大切です。火難にあわぬように念ずるのは、人間の本心です。この願いをふまえて、誰もがあう瞋恚の火難に備えて心に防火施設を持つのは、人間の義務でしょう。

(4)

水難——愛欲について

——迷いのとき、いかに対処するか

或《わく》漂《ひょう》流《りゅう》巨《こ》海《かい》　龍《りゅう》魚《ぎょ》諸《しょ》鬼《き》難《なん》　念《ねん》彼《ぴ》観《かん》音《のん》力《りき》　波《は》浪《ろう》不《ふ》能《のう》没《もつ》　⑥

大海に漂流して　波風ははげしく荒れても
観音を念ずれば　波に溺れることもない

——水難は恐ろしい、多くを流すから。愛欲の水難はなお恐ろしい、自分を流すから。

人にはそれぞれ「死の縁」がある

昭和二十九年の秋、私は北海道へ講演旅行をしました。日程が終わった翌日は摩《ま》周《しゅう》湖《こ》を見て、洞爺丸《とうやまる》で帰京する予定でした。ところが、修行時代の先輩の豊田貞山《とよたていざん》君の「台風が来るから、すぐ帰れ」という厳しい忠告をいれて、その日、東京へもどりました。私が乗るつもりで、すでに乗船券も買っていた洞爺丸は、その翌日に沈んだのです。私は命びろいをして、ありがたいとともにすまぬ気持ちでいっぱいでした。「ご利益だ」と思ってはなりません。私も助かり、他の乗客も救われてこそご利益です。私が死んで、他の人が助かるのもご利益です。現に、洞爺丸の乗客の一人の牧師さんが、自分を犠牲にされた尊い話が伝わっています。みんなが亡くなって私が生きているのは、信心のよろこびには値《あた》いしません。ただ、この不思議を不思議として、つつましく生きて、どなたかのお役にたつように努《つと》めようとの願いを持てたのは、観音さまの教えであり、それこそが私にはご利益でありました。

また、私は妙心寺《みょうしんじ》管長の古川大航《ふるかわだいこう》老師に随行して、海路を沖縄へ渡ったことがあります。一行は、甲板《かんぱん》で戦没者の霊を弔《とむら》ったのですが、とくに奄美《あまみ》大島沖で沈んだ沖縄の疎開学童数百名の供養《くよう》のときは、涙のために老師の声も、跡絶《とだ》えがちでした。「夜もすがら奄美大島波がしら　泣くかむせぶかそれかあらぬか」は、そのときの老師の述懐です。すると『観音を念ずれば、波に溺れることはない』とは、うそなのでしょうか。

私は、拙著『般若心経入門』（祥伝社新書）に引いたフランスのジャン・タルジューの

『詩人の光栄』（渡辺一夫氏訳）の第二節をご紹介したい。

死んだ人々には
嘆く術《すべ》もない以上
生き残った人々は
誰のこと
何を
慨《なげ》いたらいい？（『きけわだつみのこえ』所載）

生き残った人々に与えられた課題は「誰のこと、何を、慨いたらいいか？」です。人間にとって、死の機会は無数にあります。親鸞聖人は、〝死の縁は無量なり。水にても死に、火にても死に、剣にても死に、眠りの中にても死ぬるものだ〟という意味のことをいわれます。

私たちは、とかく人間は病気で死ぬのだと無意識のうちに思いこんでいます。死の縁の無量であることに無知だったことをまず嘆かねばなりません。その人の死までに、この点に気づかなかったことを、その人に詫《わ》びねばなりません。

人々には、それぞれの「死の縁」があります。海で働く人だからとて、海で死ぬとは限りません。その縁がわからないから、どこへ行っても無事を祈らずにはおれないのが人間の尊いひたむきな願いです。それが「念《ねん》ずる」ということなので、この念ゆえに災難を防ぎ、災難から身を守ってくださるのが「霊験《れいげん》」です。

「その名を呼べ、こえをかぎりに……」

しかし、自分の心こめた願いが適《かな》えられなかったからとて、神仏を無視し否定するのは、人間の思いあがりです。前章で「親の慈悲は、子の望みを適えるときもあり、適えないこともある」と申しました。親の愛情ですらそうです。まして、自他のワクを越えた真実の慈悲は、はるかに深いとともに厳しいものがあるはずです。古人は、それを〝験《しるし》なきこそ験《しるし》なれ〟と、受けとめています。

タルジューのいうように、死んだ人には、慨《なげ》く術《すべ》もないのです。生きた人が、験のなかったことをその人のために嘆き、詫びるのです。次に、「験なき」ことがいかなる意味を持つのか、その「啓示《けいじ》」にまだ目の開かないのを慨《なげ》こう——と、私は彼の詩を了解します。

験《しるし》を求めた祈りから、験なき験とは何であるか、をお教えくださいとの願いに高められると、経文の表意ではなく、その象徴されているもの、文字の底にあるものを凝視する知恵が生まれます。経文を、文字どおりに理解するのを「事釈《じしやく》」といい、文字を、真理の象徴とみるのを「理釈《りしやく》」といいます。事釈は「霊験記《れいげんき》」、理釈は「生きる教え」といっていいでしょう。

前章の「火難」は三毒の「瞋恚《しんに》（いかり）」の表象であるなら、「水難」は、同じ三毒の「愛欲」を表わします。これを「貪《とん》（むさぼり）」ともいいます。私たちは、いつも愛欲の大海を漂流しているのです。事実としての「水難」にあうのも恐ろしいが、人間である限り、誰もが遭遇して悩むのが「愛欲」という名の水難です。

瞋恚の火炎が善行の林を焼きつくすように、愛欲の大海は多くの人を溺らせずにはおきません。「観音経」には「竜や魚やもろもろの鬼難」と、きわめて叙景的に愛欲進行上に起きる事故を語っています。

人間である限り、愛欲の水難にはだれもが遭遇するのです。このとき「観音を念ずる」とは、同時に自分に呼びかけているのです。それによって、大海も溺らすことのできない大きな自己が波間から顔を出します。

坂村真民《さかむらしんみん》氏の『その名を呼べ』の一節を読んでみましょう。

その名を呼べ
その名を呼べ
山のいただきで
海のうえで
こえをかぎりに
その名を呼べ（『自選・坂村真民詩集』）

事実としての「水難」をまぬがれることを念ずる素朴な願いから、人生の愛欲の「水難」に押し流されないように「こえをかぎりに、その名——を呼」びつづけるのです。その名それは、観音さまである、とともに、自分自身のことです。

(5)

成功と失敗

――どんな心構えで対決するか

或《わく》在《ざい》須《しゅ》弥《み》峯《ぶ》　為《い》人《にん》所《しょ》推《すい》堕《だ》　念《ねん》彼《ぴ》観《かん》音《のん》力《りき》　如《にょ》日《にち》虚《こ》空《くう》住《じゅう》　⑦

或《わく》被《ひ》悪《あく》人《にん》逐《ちく》　堕《だ》落《らく》金《こん》剛《ごう》山《せん》　念《ねん》彼《び》観《かん》音《のん》力《りき》　不《ふ》能《のう》損《そん》一《いち》毛《もう》　⑧

須弥《しゅみ》の峯からおし落とされても
観音を念ずれば　宙に浮かぶ
金剛《こんごう》の山頂からつき落とされても
観念を念ずれば　怪我《けが》もしない

――人間は、得意の絶頂のときほど危険なときはない。

しません。

「死の縁」「生の縁」を語る『壺坂霊験記《つぼさかれいげんき》』

「須弥《しゅみ》の峯」は『須弥山《しゅみせん》』のことです。梵語スメールの発音に似せて漢字をあてはめたので、「妙光・妙高」と訳します。この名の山は日本にもありますが、須弥山そのものは実在しません。

須弥山は、古代インドの宇宙説によると世界の中心となる高山です。この山の中腹を日月がまわるという天動説の基軸です。

しかし、ここでは宇宙論ではなく「金剛山」とともに「高い山」の形容です。自分の過失から、あるいは人のために、高山から落ちたり、落とされても――ということです。

最近は登山の流行につれ事故もふえました。ときには山を征服するという思いあがりが悲劇の原因となっているようです。

それに引きかえて、浄瑠璃《じようるり》に取り上げられた「壺坂霊験記《つぼさかれいげんき》」には、素朴な、しかもすがすがしい共感を受けます。

「霊験記」のヒロイン・お里《さと》は近所でも評判の美しい人妻です。ところが、最近は夜がふけるとひそかに家をあけます。不審に思った夫の盲人沢市《さわいち》は、ある夜、彼女のあとを杖を頼りにつけてゆきます。彼女の不貞の所行を疑っていたのです。

しかし、お里は夫の盲いた眼《めし》を治そうと、壺坂寺の観音さまに、願《がん》をかけていたのです。沢市は、妻を疑った自分を恥じるとともに、妻に苦労をかけたくないと、寺の裏の深い谷に身を投げます。

お里は何も知らず、百度まいりをすませて帰ってみると、夫がいない。驚いて壺坂へかけもどり、声を限りに夫を呼びつづけます。はしなくも崖ぶちにキチンとそろえた履物《はきもの》と杖を発見したので、彼女もそのあとを追って谷へ飛びこむのです。

しかし、この夫妻は観世音の霊験によって生命を取りもどし、沢市の眼も開きます。この純真な夫婦愛は、古典のあやつり人形劇にとくに濃《こま》やかに感じられます。現代人には理解しにくい物語でも、人形つかいの巧みな糸の操作に、人間の俳優が演出できない気魄《きはく》を感じます。

釈尊の教えには「偶然」という言葉はないのです。人間には、偶然のように見えても、実は、どうしてもそうならなくてはならぬ必然性がからみあっているのです。現代でも、自殺するつもりでビルから飛びおりたり、阿蘇《あそ》の火山口へ飛びこんでも、助かる人があるではありませんか。前に「死の縁無量」（108ページ）といいましたが、「生きる縁」もまた「無量」です。いや、「死の縁無量」と心のエリを正すと、多くの人のおかげで生かされて生きている縁の無限であることが実感されるのです。

素朴な話に盛りこんだ人生開眼《かいげん》の真実

この謝念からだけでも、生命を大切にせずにはおられません。

沢市夫妻が助かり、眼も見えるようになった――というと、現代人は「非科学的《ナンセンス》」だとせら笑うでしょう。あるいは、いわゆる「科学的」に取り上げて「高山から深い谷底へ落下する途中に、眼筋のショックで開眼することもあり得る」などと解説されますが、よけいなおせっかいです。

素朴な、ありそうもない話の中に、学識も財産もなく、不治の眼病をわずらいながら、互いに信じ愛しあう無名の夫婦の心中に〝観音さまのこころ〟を拝むのが大切です。

意味のない存在と思われるものの中に、真なるものを見、善なるものを感じ、美なるものに心を打たれ、そのものをそのものたらしめている久遠《くおん》のいのちを観《み》るのが、〝観音さま〟に象徴される私たちの知恵にほかなりません。

「壺坂霊験記」を、肉眼だけの視界にしぼるから、わからなくなるのです。矛盾を感じるのも知識だけで割り切るからです。それは、人間としてお寒いかぎりではありませんか。

眼は、肉体だけではなく、心にもあるのです。沢市さんのような気の毒な身体障害者でないかぎり、人間は誰でも生後数十日にして肉体の両眼は見えるようになります。しかし心の眼をひらくのには、何年も何十年もかかります。いや、一生ひらかずに盲《めし》いたままで終わる人のほうがはるかに多いのです。

心の眼がひらける——それが最上のご利益です。また、霊験記の「沢市さん」とは、他人でなく私たちです。主役の「お里さん」はそのよき同行《どうぎょう》・先達《せんだつ》（同じ心で修行するもの・先導者）です。

私たちは、この素朴な夫婦の愛情をふまえて、さらに、自他の差別を超《こ》え、執《とら》われのない慈悲心にめざめようと願うのが「念彼観音力《ねんぴかんのんりき》」です。一度は深い谷底へ身を投ずるほどの絶体絶命の地点に立たされないと、あらゆる意味で『開眼』は不可能です。

すべてをあたりまえとする危険な思考

お寺やお宮の創立に関する話を『縁起《えんぎ》』といいます。その話を知ることに縁《よ》って信心——

「人間性を開発する」動機となるから「縁起」というのです。何かが縁となって一つの真実が生まれることです。それが、「宙に浮かぶ（如日虚空住《にょにちこくうじゅう》）」ということであり、「怪我もしない（不能損一毛《ふのうそんいちもう》）」ということです。

心に信ずるものを持てば、怖《こわ》いものはありません。それは、絶対の実力者になったということではなく、その反対です。実際には「恐れ」を知っているのです。恐れを知っているからつつしみが持て、無鉄砲な言動も起こらないのです。謙虚に行動する人に怖いものは何もありません。ちょうど、太陽が大空に輝くのに似ているので、悪人も魔手をのばせないのです。

私どもは、何のかのといっても、やはり立身出世を望んでいます。少しでも高い位置に登ろう――この意味で〝金剛山や須弥山《しゅみせん》〟をねらっています。物質的・精神的な金剛山や須弥山です。とにかくその頂上にようやくたどりついたとき、はしなくも「人からつき落とされる（為人所推堕《いにんしょすいだ》）」という危険がないとはいえません。

しかし、それは必ずしも他のせいではないのです。自分をねらう悪人とは、実は自分なので、多くの場合、自分自身で作った自作自演の所行《しょぎょう》です。無理をしたり、人を傷つけたり、義理を欠いた言動が積み重ねられて、自分で自分を押し落とすのです。他を怨《うら》むよりも自分の言動をよくみつめよ、と観音さまは教えるのです。

須弥山を目ざす努力は、一方ではせっせと枯草を積むに似ています。しかも、その傍《かたわ》らで炎々と火を燃やしているようなものです。「怖れ」を忘れない限り、火は枯草に燃えうつらないが、それを忘れると、火のほうからではなく、枯草のほうから火の中に崩れおちて、すべてを灰にしてしまうのです。「他から・人から」とは、自分の所行の反映です。

この危難を予防し、自分の姿勢を正すのが「観音」を念ずることに象徴されます。つまり、〝つねに薄氷《はくひょう》を踏む思いで、足もとを見よ〟との語りかけを聞くのです。自己をみつめつつ高峰を極めよとの、ささやきを聞くのです。しかし、私たちは人間である限り、無意識のうちに思いあがったことをしています。この点に気がついたら、人に知られぬように、些細な善事でも積みあげてゆくことです。人の嫌がる仕事を進んでしてゆけば、傍らの枯草の火勢はそれだけ弱くなります。善いことをしていると思うだけで安心感が起こり、生活に自信が持てます。

私たちは、いわば初心の間は、この考えをどこかに持っていたのですが、世なれてくると忘れがちとなります。そして、失意の状態に落ちると、世をはかなみ、人を怨みます。世間や同輩や先輩の責任に押しつけます。感謝と反省を忘れ、すべてを「あたりまえ」とする思考が反映されて「他から押し落とされる」と誤認するのです。

高山や霊峰に登るとき〝六根清浄《ろっこんしょうじょう》〟と唱《とな》え、身と口と心を清らかにするように、日常生活も、そのようにあれとの語りかけです。

(6)

盗難——煩悩《ぼんのう》とは

——いかにふせぐ〝心中の悪〟

或値怨賊遶《わくちおんぞくにょう》　各執刀加害《かくしゅうとうかがい》　念彼観音力《ねんぴかんのんりき》　咸即起慈心《げんそくきじしん》　⑨

賊の白刃のふすまに囲まれても
観音を念ずれば　彼らの心も和《やわ》らぐのである

——泥棒は、外から忍びこむとは限らない。心の戸じまりを怠《おこた》ると、盗人は内からのさばり出て、すべてを奪う。

弱者とほとけの同居「仏凡同居《ぶつぼんどうご》」

火難・水難につづく、七難の一つが「賊難」です。今日のように生活が豊かになっても、盗難は減るどころか、悪質の事件が続発して、生命までも奪われた例は昔と変わりません。

たとえば、雲居禅師《うんごぜんじ》（一六五九没、七十八歳）は、大坂城の夏の陣に親友の塙団右衛門《ばんだんえもん》（号・鉄牛）と大坂城内に踏みとどまったほどの勇ましいお坊さまです。後に家康に捕えられたが許され、さらに伊達政宗《だてまさむね》に迎えられて、松島瑞巌寺《まつしまずいがんじ》に住しました。

武勇でも知られているこの雲居が、旅の途中で山賊にとり囲まれたことがあります。しかし、雲居は少しも騒がずに持ち物を全部与えてしまいます。そしてフンドシ一つで出かけるのですが、途中でもどって来ます。山賊が驚いていると、雲居は「フンドシの中に路銀を分けていれておったのを忘れておった！」と差し出すので、盗賊たちは、はじめはあきれ、驚き、しまいには怖れを感じて許しを乞うた——という逸話が残っています。

またヴィクトル・ユーゴー作の名作『レ・ミゼラブル』の主人公、ジャン・ヴァルジャンに対するミリエル司教の、あのふかぶかとした態度など、いくたび読んでも新たな感激を覚えます。

神仏に限りません。心に深く信ずるものを持つものは、災難にあったときに自由なはたらきができるのです。それは、何らかの形で自分をしっかりとつかみ、自分というものを解決しているからです。

私たちも「盗心」を持っているのです。さいわい、それが活動せずにすんでいるというだけです。すると、目前の盗賊は、私たちのあるときの相《すがた》にほかならない――このことに気づくと、憎しみや恐れよりも、悲しみと苦しみとを感じます。また、一面、私たちの心中には「盗心」とともに、それを批判し、あわれみ、導く「ほとけのこころ」も共存しています。それを〝仏凡同居《ぶつぼんどうご》（仏心と凡夫の心とが同時に併存する）〟といいます。

これが、自分の現実だと、まず確認します。そして〝盗心〟が成長しないように、よい教えに親しみ、心の支えとなる仏を念じたくなります。「観音経」なら『念彼観音力《ねんぴかんのんりき》』です。「念」は、忘れずにということです。よく〝念が足りぬ〟とか、〝念には念を入れよ〟というように念ずる上にも念じて忘れないように念じ続けるのです。坂村真民《さかむらしんみん》先生の詩『念ずる心』に、

善根《ぜんこん》熟するまで
念々怠らず精進《しょうじん》して

自己を作つておこう
そしたら
春風吹き来《きた》つた時
花ひらくことができ
春雨降り来つた時
芽を出すこともできよう（『自選・坂村真民詩集』）

と、うたわれるように、好ましい〝芽〟が育成してゆくのです。
観音さまを念ずれば、たとい賊が凶器を持っていても平気だ――とありますが、実際には前例と反対に、遭難した、しかも高僧が昔にもあります。

「苦しみ悶《もだ》えて死ぬことも一段の風流」

中国の禅の高僧、巌頭《がんとう》（八二八〜八八七）は、賊のために首を切られて亡くなりますが、そのときの叫び声が周囲にひびきわたった――という事実が「高僧伝」に明記されてあります。

わが国の臨済禅《りんざいぜん》の中興の祖といわれる白隠《はくいん》（一七六八没、八十四歳）は、この伝記を読んで嘆じて、「巌頭和尚ほどの高僧でも賊難が避けられないのなら、われわれに何ができるか？　ほとけの教えなど頼むに足らぬ」と幻滅の悲哀のために、修学や修行の意欲をなくし、生きがいを失って懊悩《おうのう》します。このとき白隠は十九歳です。そして、彼は「自分の好きなように生きよう」と文学にふけり書画に親しみます。経典や仏像を「見るたびに、うたた厭悪《えんお》」との「年譜」の記事は、そのまま現代人にも通じるでしょう。

白隠は、この問題に十九歳から二十四歳まで、前後五年間を悩みます。たまたま、越後高《えちごたか》田《だ》の英巌寺《えいがんじ》で徹夜で坐禅をしているとき、遠いところで鳴る暁《あかつき》の鐘声《しょうせい》を聞いて、この疑問が解けました。白隠は高声で、〝やれやれ、巌頭和尚は、まめ息災（元気で無事）であった！〟と叫んだといいます。

亡《な》くなっても無くならぬもの、目に見える現象は壊《こわ》れてなくなっても、目に見えぬ真実は、生死をこえて、時間・空間をこえて「いま・ここ」にあるということがわかったのです。〝花びらは散っても、花は散らない〟真実があるのです。

白隠が、この真実をさとったのは偶然ではありません。前にも記しましたが、彼は『禅関策進』の「慈明和尚」の伝記を読んで彼の人生は大転換をとげるのです（25ページ）。

白隠が、このとき「ほとけの教えが信ずるに足りないのなら、古人がどうしてこんなにまで苦心をしたか、早合点をしてはならぬ」と気づいて、文学や書画を遠ざけて努力した結果だったのです。

私たちも、目前の現象を早のみこみをしてはなりません。現代人は理解も早いが、失望して批判も急ぎすぎます。大切なのは、当面の現象でなく、どのような災難による死でもいい、どんな死に方であってもいい、すなおに死を受けとめる柔軟さをいつも念じつづけることです。

京都南禅寺《なんぜんじ》の柴山全慶《しばやまぜんけい》管長が〝その人自身にとって一念の疑いがなく、悲喜好悪《ひきこうお》を超《こ》ゆる何ものかに、どしんと肚《はら》がすわっていれば、「苦しみ悶《もだ》えて死ぬこと」もまた、一段の風流というべきではなかろうか〟といわれます。

ここに「観音――音を観る」はたらきがあります。ゴーンとなる暁の鐘の音は、鐘声であるがままに、巌頭和尚の最後のうめき声だと白隠は体験したのでしょう。白隠は、はじめは「ほとけの教えは頼むに足らぬ」と文学に逃避したが、後に逃避は解決でないと、まともにこの問題と取り組んだから、最後に心の安らぎを得たのです。

盗難とは、本能に理性が負けること

現代人は「不信」を感じると、すぐヤケになって「享楽」か「死」に走ります。それでは解決どころか苦しみをますだけです。逃避や妥協《だきょう》は問題をすりかえるだけです。白隠のようにじっくりとその問題に対決するのが、苦しくとも最後は心の安らぎを得ることができるゆえんです。

しかし、そこまで行きつくのはけっして簡単ではありません。こうした現代です。いつ・どこで・どんな災難に遭《あ》うかわかりません。不慮の災難に遭《あ》わぬように守護を願わねばなりません。願わないのはどうかしています。

けれども、自分だけの世の中ではないから、万事都合よくものごとが運ぶとは限らないのです。それが世の中というものです。ほとけさまでもどうにもならぬものがあるのです。このどうにもならぬものは、いかんともしがたいとわかるのが、ほとけの知恵です。「どうにもならぬもの」とは、『因果《いんが》の理（原因・縁・結果の法則）』です。この因果の理がわかるときが、こころの安らぐとき、救われるときです。

すると〝因果の道理がわかる知恵にめざめさせてください〟と願うのが正しい信心ということになるでしょう。そしてどんな災難が待っているかわからぬが、〝どうかそのときは安らかに受けられる柔軟心をお恵みください〟と願うよりほかありません。この柔軟心が経典の『慈心』です。「慈（マイトレーヤ）」は、最高の友情を意味します。襲って来た盗賊の心中にも「仏心」のめざめを念ずるのも友情です。

越後《えちご》の良寛《りょうかん》さんは、五合庵《ごごうあん》（良寛の住んだ小庵）に忍びこんだ賊に、なけなしの品を全部与えます。そのときの句に「ぬすびとの盗り残しけり窓の月」があります。盗むこともできぬ何かの存在にめざめよ！　との願いです。この願いが自分のほうに向けられると上記の「柔軟心のめざめ」となります。

盗難は恐ろしいとともに不愉快です。しかし、確率の上からいえば盗難に遭わぬ人のほうが多いでしょう。しかし、百パーセントの目に見えぬ盗難にすべての人が悩まされている事実を忘れています。盗まれている事実に気がつかないのです。

誰もが、いつも受けなければならぬ盗難からの救いを願うのが、ほんとうの人間の生き方です。ところで、この恐ろしい盗難とは何でしょうか。「山中の賊は防ぐことはできても、心中の賊は防ぎにくい」といわれる〝心中の賊〟です。自分の心に狂いを生ずると、常識も理性も知性もすべてを奪われてしまいます。煩悩（心をかきみだす精神作用）こそ、万人が常に遭遇する盗賊・盗難です。昔の人の言葉に、

「耳目《じもく》・見聞《けんもん》これ外賊、情欲意識これ内賊、ただよく主人翁《しゅじんおう》、惺々《せいせい》としてくらまさず、夜中堂に坐するとき、賊すなわち家人と化す」

というのがあります。私たちは周囲のことに耳や目を奪われがちです。この心の動揺が外賊です。本能が昂《たか》ぶると理性を奪われます。これが内賊です。ただ主人（本心）がちゃんとこころの目をさまして端坐する限り、この賊もよく飼育されて、家人（良心）の一人となる——「賊も家人と化す」です。「自分がほんとうの自分になれる」のです。

物品を盗まれる賊難からの守護を念ずることから、最後は、わがこころを犯されないように——との願いがこの一句にこめられています。

(7)

刀《とう》・囚難《しゅうなん》――「解脱《げだつ》」ということ

――絶望の底から抜けだす知恵

或遭王難苦《わくそうおうなんく》　臨刑欲寿終《りんぎょうよくじゅしゅう》　念彼観音力《ねんぴかんのんりき》　刀尋段段壊《とうじんだんだんえ》　⑩

暴政のために　刑死しようとするとき
観音を念ずるなら　刀はにわかに折れて　命は救われるのである

――いかなる逆境にも、順境のときにはけっしてわからない別天地の風光がある。

七難よりも恐ろしい「王難《おうなん》」

「念彼観音力《ねんぴかんのんりき》　刀尋段段壊《とうじんだんだんえ》」――かつて、三門博《みかどひろし》さんのヒット浪曲「唄入《うたい》り観音経」で知られた句です。その意味も、三門博さんが語るように「王難《おうなん》の苦しみに遭《あ》い、刑場で命終わらんとするとき、観音さまのお力にすがれば、あたる刃物が、急に折れて命が助かる」という物語です。

史実では、日蓮聖人の「竜《たつ》ノ口《くち》法難《ほうなん》」があります。

これは、日蓮聖人の著《あら》わした『立正安国論《りっしょうあんこくろん》』が、ときの権力者幕府の嫌うところとなり、鎌倉の竜ノ口で斬罪の刑に処せられることになりました。ところが、その執行にあたり、とつぜんの天候異変のために、聖人は難を避けることができたのです。

この話のように、専制時代の独裁者や国王の指令による受難が「王難」で、ときには「七難」よりも恐ろしい場合があります。この王難を「法華経」の信心で、日蓮聖人も難をまぬがれられたのです。

専制時代の王難とは、現在では、一部の権力者や組織からの強迫や圧力にあたるでしょう。

また、専制の暴君は、私たちが、とかく陥《おちい》りやすい「わがまま」の象徴でもあります。自分さえよければ他はどうでもいい、という身びいき、身がってのために、自他を傷つけるのが「王難」です。心に深く信ずるものを持ったら「内心の暴君」も暴力を封じられて、どうすることもできなくなります。「刀尋段段壊《とうじんだんだんえ》」です。
「王難」に準ずるのに、訴訟や戦難を「観音経」はあげています。

諍訟《じょうしょう》経官処《きょうかんしょ》　怖畏《ふい》軍陣中《ぐんじんちゅう》　念彼《ねんぴ》観音力《かんのんりき》　衆怨《しゅうおん》悉退散《しつたいさん》　㉓

役所で諍訟《じょうしょう》（あらそい）する怖れ　戦陣の畏《おそ》れにおののくとき
観音を念ずるなら　多くの仇《あだ》や恐《おそ》れはおさまる

「鈴虫よ鳴け　籠《かご》の月　籠の露」

第二次大戦後「戦争犯罪人（戦犯）」として巣鴨《すがも》プリズン（拘置所）に収容された人たちの中には、人違いや、誤審で処刑された気の毒な人も数多くあります。私は、そこへたびたび慰問にまいりました。

大きなホールの正面には阿弥陀如来《あみだにょらい》と、観音・勢至《せいし》の両菩薩の像を、その前には、すでに世界のどこかで処刑された〝戦犯〟の名を連ねた「過去帳《かこちょう》（死者の名や法名を死亡年月日別に記載した帳簿）」がまつられてありました。

ある日、その供養が終わったあと、私は『鈴虫よ鳴け　籠《かご》の月　籠の露』と題して、お話をしました。この句は慰問の数日前に何かの雑誌で見うけた句です。

鈴虫は、何も悪いことをしたこともないのに、小さな籠の中に閉じこめられている。短い露の命でも、全力をあげて鳴けば、人は、必ず耳をすますであろう。狭い籠の中とはいっても、そこにも美しい秋の月光はさしこんでいるのです——と、この句を味わいながら、米軍MP（憲兵）に気づかれぬように（あなた方も鈴虫です。竹籠ならぬ、鉄の棒柱をはめこんだ狭い部屋だが、全力をこめて生きてください。禅語にも〝壺中《こちゅう》日月長し〟とあります。いかなる逆境にも、必ず別天地の風光があるのですから……）と、私は心をこめて語りました。

あとの座談会で、ある人から「僕は、このプリズンを設計した技師の一人です」と自己紹介をされたのには驚きました。

心に深く信ずるものを持つなら、この苦しみが静まるのです。解脱《げだつ》とは、現実からの逃避ではありません。苦の中に沈みながらも、そこに心身のおちつきを実感することです。よく「観音霊験記」に、にわかに「縄目が解けた」とあるのは、刑具の苦しみとともに、ときには刑具以上に自分の心身を苦しめる目に見えない縄がさらりと解けたことを意味するのです。拘置所に身体はありながら、その苦悩をやわらげる心の深さが「解脱」です。

漢訳には「釈然として解脱する」とあります。釈然は、一般には〈しゃくぜん〉と読んでいますが、さらっとした心です。そのときの必要に応じて、さらっと心を働かして行動するのです。暑ければ、着衣を一枚脱げばいいのです。

なぜ、自分は思うように動けないか？　考えてみると着すぎだった、そこで上衣を脱いでシャツ一枚になる。そして、心身ともにそのときの必要の線に沿って行動するすがたです。この釈然――さらっとした心を「平常心《へいじょうしん》」と申します。釈然としない心が刑具となって、私たちを拘束《こうそく》するのです。

獄窓にあっても、このこころにめざめると自由なはたらきができます。人間性の真実にめざめ、自分の中に埋みこまれているところの、人間を人間たらしめるこころを開発できたら、心身をがんじがらめにしている縄は自然に解けてさらっとなります。

〝私の中のあなた〟〝あなたの中の私〟

私は、かつて洋画の『夜と霧』という映画を見ました。第二次大戦のとき、ナチスドイツはユダヤ人を全部捕縛してアウシュビッツの収容所にほうりこみ、ガス室で大量虐殺しました。この映画は、そのときの悲惨な状況を主題にしたものです。

私が拙著『般若心経入門』に引用したオーストリアの精神科医のフランクル氏もユダヤ人であるために収容されたのですが、奇跡的に助けられた一人です。氏は、この生き地獄にあっても、与えられたわずかのパンを病人にわけたり、逃げまどわずにガス室に従容《しょうよう》として入ったり、中にはひそかに他人の身替りになって死んでいく人があるのを実際に見たのです。

フランクル氏は、こういうこころが、どこから生まれるかを、専門の精神分析学で研究しました。それは、氏の恩師のフロイトのいうリビドー（衝動的・本能的無意識）から出るものでないことは明らかです。このリビドーの精神層の底に「超越的無意識」が埋みこめられてあり、それが何かが縁になって開発されて、この崇高な精神活動をすることを明らかにしました。

私は『夜と霧』を見、さらに米沢英雄《よねざわひでお》博士の著『現代に忘れられたもの』を読んで、いろいろ教示を受けましたが、リビドーの底にこの真実の人間性が埋みこまれているのを、仏教的に表現するなら、前にも述べた「仏凡同居《ぶつぼんどうご》」（122ページ）であり「同行二人《どうぎょうににん》」です。横に並ぶだけが同行ではありません。前後に歩いても「同行」です。アベックです。

さらに深めれば、二人の同行が、ただ一人に吸収されることも考えられます。〝私の中のあなた〟・〝あなたの中の私〟です。もっと煮つめると、〝自分の中のもう一人の自分〟・〝自我の中の自己〟です。こうなると、一人がそのまま二人、二人がそのまま一人となります。

観音さまと同行二人――とは、観音さまの中の私・私の中の観音さまです。醜いリビドーのままに行動する自分の中に、この純粋な人間性が宿されていると気づくのが「念彼観音力」です。すると「釈然」として「解脱」の意味が、よく理解されるでしょう。

ある死刑囚の辞世《じせい》に「この裸　鬼と仏とあい住める」とありましたが、この心境には手を合わさずにはおれません。自分の罪に徹し切ると、この真実が身体で解読できるのです。ここまで行けば、罪悪のしこりも、あとをとどめないではありませんか。

「苦しみに泣いたおかげで……」

〝戦犯〟に問われて刑死した上野千里《うえのせんり》さん（栃木県出身・元海軍軍医中佐）が、生前の昭和十九年にトラック島に進駐していたときです。米軍の空襲のために収容中の米兵捕虜が二名負傷しました。上野さんは、彼らを治療しようとするのですが、上官は銃殺を命じます。

上野さんは「科学者として、医者として」の良心に忠実であれと自己を励まし、上官の命にそむいて彼らに外科手術を施します。

しかし、上野さんが知らぬ間に米兵捕虜はどこかへ運ばれて処刑されてしまいます。

戦後、上野さんは捕虜虐殺の責任を問われて犯罪が成立し、二十四年三月三十一日「グアム」島で刑死します。四十三歳でした。好子夫人への遺書に、

「愛する妻子を捨て、愛する老母を捨てても、私には捨てられぬ日本人の魂があった。男の操《みさお》がありました」とあります。

上野千里さんは絞首刑で亡くなりました。しかし「花びらは散って」も「散らぬ花」があるのです。生き残っている私たちのお互いのこころの中に上野さんのこころを感じ取れたら、上野さんは、いま・ここに生きているのです。上野さんや私たちの「多くの仇《あだ》は悉《ことごと》く退散（衆怨悉退散）」です。

上野千里さんには、また「遺詠《いえい》——みんなに」という数篇の詩があります。

人の世の苦しみに泣いたおかげで
人の世の楽しみにも心から笑える
打たれ踏まれて唇をかんだおかげで
生まれて来たことの尊さがしみじみとわかる

醜い世の中に思わず立ちあぐんでも
見てごらん　あんなに青い空を
みんな何も持ってないと人が嘲《あざけ》っても
みんな知っているもっと美しい本当に尊いものを

うつむいていればいつ迄《まで》たっても暗い空
上を向いて思い切って笑ってごらん
さびしくてどうしても自分が惨《みじ》めに見えたら
さあ　もっと不幸な無数の人々を考えてごらん

（『世紀の遺書』巣鴨遺書編纂会）

性欲、本能に溺れるのも「王難」の一つ

また「王難」は、こうした専制者や実力者からのいわゆる「官難」だけに限りません。どうにも抵抗できない絶対に近い苦しみという意味も「王難」にあります。

その意味での「王難」の一つが性欲です。タバコや酒を止めるのは骨が折れますが、タバコも酒も本能ではありませんから、強い意志力があれば、まちがいなく止められます。しかし、性欲だけは動物の種の保存の生命力ですから、良心だけでは立ち向かえないのです。

制圧はできませんが、本能は飼育できるのです。「観音経」には「観音さまを念ずるなら、思いのままに、よい男の子でも美しい女の子でも授かる」とやさしくささやかれます。いわゆる「二求《にぐ》」です（53ページ）。それは、性行為も、美しい営みであれ、との人間の深い願いにほかなりません。

しかるに、現代は「ポルノ」時代です。人間の恥部をもっともらしく合理化するアクの強さに悲しみを覚えます。〝泥棒にも三分の理がある〟といわれますが、無明《むみょう》との安易な妥協を厳しく排撃しない限り、人間は急降下をつづけて墜落するほかないでしょう。

親鸞聖人が、まだ二十九歳で範宴《はんえん》といわれたころです。叡山《えいざん》を下りて六角堂《ろっかくどう》に百日のおこもりをします。九十五日目の暁に、聖徳太子が偈《げ》を作って夢告《むこく》をされます。この点について、山折哲雄《やまおりてつお》氏は、

「霊告とか夢告といわれるが、それは幻覚と紙一重《ひとえ》の危い経験だったに違いない。幻覚を霊的体験にまで純化できたのは、親鸞の側にはげしい心の飢渇《きかつ》と必死の祈願があったからだ」

（全青教「おしえの泉」八四号所載）

と述べ、そして、この夢記に示された偈は、

「行者、宿報にて、たとい女犯《にょぼん》すとも、われ玉女の身となりて犯せられん。一生の間よく荘厳《しょうごん》して、臨終引導《りんじゅういんどう》して極楽《ごくらく》に生ぜしめん」というようなものであったといわれます。むずかしい仏教用語の多い古文ですが、丹羽文雄《にわふみお》氏は、

「ざっくばらんにいえば〝お前のために、私が女になって抱かれよう〟という意味である」

と解説しています（『太陽』一七九号所載）。

　愛欲の問題については、親鸞ほどつきつめて悩み考えた人はないようです。ごまかさず、妥協せずに真正面から取り組むのです。六角堂には観音さまがまつられています。聖徳太子と観音さまの教えが二重にかさねられたのが「夢告」の形で、親鸞の心に爆発を起こさせるのです。

「一生の間、よく荘厳して……」とは、妻となってあなたを一生美しく飾らせてもらいます、との誓いです。それは、釈尊がまだシッダッタといったころヤスダラ姫と結婚しますが、このとき姫も同じことを彼に伝えているのです。

「一生荘厳《しょうごん》」の誓願に生きようとの願いが、どろどろの愛欲生活になるところを清浄に保つのです。よき子どもに恵まれたい、との一見気ままな願いも、この人間性が基底に必要で

あることを気づかしめる方便となります。

親鸞の夢告に見る、どろどろの愛欲の昇華が聖徳太子と観音菩薩によって導入されたことに、意味深いものを感じます。

(8)

人間らしさということ

——便利という名の不幸

或《わく》囚《しゅう》禁《きん》枷《か》鎖《さ》　手《しゅ》足《そく》被《ひ》杻《ちゅう》械《かい》　念《ねん》彼《ぴ》観《かん》音《のん》力《りき》　釈《しゃく》然《ねん》得《とく》解《げ》脱《だつ》 ⑪

手かせ足かせの　責苦《せめく》にあっても
観音を念ずるとき　この苦しみから脱しられる

——現代人は、自分たちが発明したさまざまの機械に責めなやまされている。この苦を解明しなければならぬ。

鈴木大拙《だいせつ》「機心《きしん》は創造心を失う」

経典の「枷鎖《かさ》」とは、首かせとくさりで、昔の刑具の一つです。罪人の首や手足にはめて自由に行動できないようにした責め道具です。

この責め道具を人生にあてはめて考えると、人間の正しい自由を束縛する、いろいろの愛欲と、無明《むみよう》にあたります。「無明」については『般若心経入門』で詳しく話しましたから、ここでは現実的に「人間が、たんなる生物として生きるために、心の底からつきあげる本能を含めてのやみくもの生命力」と受けとってください。

私は、現代の機械化は、ときには人間性を束縛する枷鎖《かさ》になっていると思います。機械に拘束されて「人間らしさ」を失いました。私はこれを「機械の無明」と呼びます。

機械は、たしかに便利です。私たちの身近にある自動販売機など、黙って料金を入れただけで乗車券やタバコがつり銭とともに、これも黙々と出てきます。が、この「沈黙」のやりとりが実は「曲者《くせもの》」です。自動販売機に対するごとく「だんまり」で人間に接して無明現象を起こすのです。〝ありがとう〟や、〝すみません〟のあいさつ抜きの機械的人間関係は、誰も彼も人間性を束縛されているのです。

現代は、科学しなければならぬ時代だといわれながら、科学的な心を忘れています。機械を操作する心が人間の愛情に「ずれ」を生じました。

中国の道教の大家で、老子《ろうし》と並び称される荘子《そうし》が自分の哲学思想を説いた、同名の書物『荘子《そうじ》』の外篇に次の話が載っています。

子貢《しこう》（孔子の弟子）が、旅先で農夫が井戸から水を汲みあげては水田に運ぶのに出会います。そこで子貢は、労力を省《はぶ》くためにハネつるべの使用を教えます。くわしく説明を聞いた農夫は、はじめは感心していたが、話が終わると激怒して言うのです。

「わたしは、自分の先生からいわれたことがある。機械を使うと人間は機械的になる。機械のような心の持ち主となる。そして機械的に行動する。素朴さを失う。精神の制御心が不安定になる。すると、正しい思慮分別《しりよふんべつ》ができなくなる。私は、ハネつるべを知らぬことを恥じるより、それを使う人間になるのを恥じるのだ――」と言い切るのです。

子貢は雄弁家で知られた孔子の高弟です。この子貢でも、この農夫の頑固《がんこ》さをどうすることもできなかったのですが、これを聞いた孔子が「今の世にも、そうした尊い人間がいるのか」と、かえって感に打たれています。

これは、二千五百年も昔のことです。この話を紹介されたのが、日本では故鈴木大拙《だいせつ》博士です。博士は「機心《きしん》」と名づけ「機心は創造心を失う」といわれます。博士は、晩年に「宗教情操を創造心」と呼ばれたようです。創造心は、無から有をつくるのではなく、人生の苦の中に一つの安らぎのこころを開発してゆく創造心です。この創造心が機心で失われることを嘆かれたのです。

さらに、『荘子』の話に感じた人にウエルナー・ハイゼンベルグがあります。彼は二十世紀の著名な物理学者で、ナチスの弾圧下にありながら人間問題を探求しつづけた人です。近代科学者も『荘子』に注目せずにおれないところに、今日の機械文明の暴走を痛感します。

便利になって大切なものをなくす

最近、ある婦人が私に手紙をくれました。それによると「デパートで、おにぎりをつくる器械を買って来ました。まことに重宝で、定型のおにぎりがすぐに出来るのです。子どもたちは、はじめは珍しがって喜んでいましたが、このごろは、『やっぱり母ちゃんの握ったほうがうまい』というのです。私のは形もまちまちで、かっこうも悪いのですが、このほうを喜ぶので、せっかく買って来た〝おにぎり器〟は戸棚《とだな》の奥にしまったままです」

そして、この婦人は「ただおいしいというだけのものではない何かがある。器械ではできない何かがある」と、すっかり考えこみ、子どもから大切な点を奪いとっていたことに気がつくのです。私は、これを機械的愛情――機愛と名づけます。

この機愛は、現代では無明といっていいほど人間の本能的欲望になっています。便利になったが、大切なものをなくしているのです。私たちは、現代の文明生活をしながらも、現代の無明と無常を凝視する必要があります。「凝視」とは「観」です。機械を使いながら機械を飼育する精神の深さと英知の高さを願わずにはおれません。ここに、現代に生き、現代を救う観音信者の行があると思います。

(9)

鬼難《きなん》——怨《うら》みと中傷

——〝執《と》われた自分〟を解き放つ

呪詛諸毒薬《しゅそしょどくやく》　所欲害身者《しょよくがいしんしゃ》　念彼観音力《ねんぴかんのんりき》　還著於本人《げんじゃくおほんにん》　⑫

ねたまれたり　中傷されたりして　わが身が危機にさらされても
観音を念ずるなら　怨《うら》みも憎しみも　あとかたもなく消えてゆく

——何をくよくよ　北山《きたやま》しぐれ　思いなければ　晴れてゆく

「還著於本人《げんじゃくおほんにん》」とは自業自得《じごうじとく》のこと

「呪いや毒薬のために危難にさらされても」観音を念ずるなら必ず救われる。この救われた状態を、漢訳では「還著於本人《げんじやくおほんにん》（還《かえ》って本人に著《つ》きなん）」といっています。

人を呪い、世を呪い、あげくには毒を盛るという異常な行動は、現代でもよく見うけるところです。この目に見えない迫害を受けても、心配はいりません。必ず救われるのです。「還著於本人」です。

この還著於本人の五字は、いろいろの意味に解されるので、一つの問題点になっています。漢訳は前記のとおり「還《かえ》って本人に著《つ》くであろう」で、加害者のほうに輪廻《りんね》されようとの意味になります。いわゆる「人を呪えば穴二つ」ということのようでもあります。被害者側からすれば、「ざまあみろ！」といったような語感があるので仏教的ではない、といわれるのです。

しかし、釈尊はしばしばこの例をくり返されます。ある一群の人々が釈尊を烈《はげ》しく罵《ののし》ったとき、釈尊は、

「逆風に塵芥《じんかい》を投げると、その塵は投げたほうに返って来るであろう」と、静かだが一矢《いっし》を報《むく》います。

「著《じやく》」は落所《らくしょ》です。自分の言動がどこへ落ちつくかを考えよ、というのですから、少しも問題はないと思います。釈尊はまた「天に向かってツバを吐くようなものだ」との卑近な例も

とられます。これも「落所を知れ」という教えで、報復の臭みは感じられません。
クモラジュウがこの「法華経」を漢訳したことは、すでに申しましたが、彼はこの翻訳に大きな自信を持っていました。「私の死体を火葬にしてごらん。きっと私の舌だけが残るであろう。それは、私の訳述が正しい証拠だ」と臨終に言い残しましたが、果たしてそのとおりだったとの伝説があります。

自分の労作に、これだけの自信と誇りと喜びとを持ちたいものです。エンマさんに舌を抜かれたり、鬼どもにペンを折られたりするのでは、サマになりません。

この自信を持った漢訳文ですから、読者のほうで読み方を深めるべきです。「還《げん》著《じゃく》於《お》本《ほん》人《にん》」を「彼《ひ》即《そく》去《きょ》悪《あく》心《しん》（彼、即《すなわ》ち悪心を去る）」と解すべきだ、との中国の仏教学者の説もありますが、私はやはり忠実に「原文」に従います。

要するに、深い意味で加害者の「自《じ》業《ごう》自《じ》得《とく》（自分でしたことの報いを、自分の身に受ける）」の教えです。被害者からすれば、観音さまを念ずれば、何ものからも犯されない安定感と、「断じて行なえば鬼《き》神《しん》も避く」勇猛心が心中にめざめます。この信ずる力に生きよ——との語りかけのブロック・サインが出ているのです。

この普遍的な意味をふまえて、さらに認識を深めてゆきましょう。

「還」は、〈また〉とも読みます。円周をぐるっと一周して、またもとのところへ還ってくる意味です。いちばん遠いところが結局は、いま自分のいるところとなります。

よく極楽は、十万億土のかなたにあるといわれますが、それは距離の長さでなく、幸福を遠いところに求める迷いの深さのことです。

この意味で十万億土のかなたとは、はるかに遠い存在であるとともに最短距離にあたるので、私はこれを『直離《ちょくり》』といいます。観音のお浄土は、ここを去ること遠からずであり、近からずでもあります。中国の宋代の戴益《たいえき》の詩に、

尽日《じんじつ》　春を尋《たず》ねて春を見ず
芒鞋《ぼうあい》踏みあまねし隴頭《ろうとう》の雲
帰り来って却《かえ》って梅花の下を過ぐれば
春は　枝頭《しとう》にあって　既に充分

春にあこがれて東奔西走すること久し、ついにめぐり会えずしてわが家へ帰ってみれば、

庭じゃ笑うよ梅一輪——とは恐れ入ります。安らぎの場を遠く探すのも一法ですが、いま・ここに開発するのも楽しいではありませんか。

道元《どうげん》禅師の歌に、「極楽はまみげのうえのつるしもの　あまり近さに見つけざりけり」とあります。まみげとは眉毛です。あまり近くにあると、かえって見つけにくいものです。真理も同じです。

一休禅師は、さらに、「極楽は　西方《さいほう》のみかは東にも　きたみちさがせ　みんなみにあり」と、例の「一休調」で深い真実を歌います。極楽は西方だけではない東にもあるのだ。きたみちは北とともに「来た道」、自分の現在までの行動です。みんなみは南ですが、また「みんな身」を指します。

これを「己身《こしん》の浄土」「唯心《ゆいしん》の弥陀《みだ》」と申します。己身とは「自己」で、唯心《ゆいしん》（唯とは、絶対の意味）とは、私たちの心底に埋もれている〝ほとけのこころ〟です。自分の中にあるとともに、自分を包んでいてくれるこころです。自分の中にあって、自分を自分たらしめてくれるとともに、外からも生かされて生きている絶対のこころであります。

西方という一点は超越の象徴であり、四方は絶対の象徴です。他をたずね、外に求めるとともに、「自己にたち還る」のが「還著《げんじやく》於《お》本人《ほんにん》」だと私は信じます。観音経梵文《ぼんぶん》の現代語訳に「（観音を）心に念ずれば、その元のところに帰ろう」とあります。この、本人とは「本来の人間性」のことで、「元」を他人にするか、自分にするかですが、私は「自分」と受けとるのが、「観音経」のこころに適《かな》うと信じます。

還著於本人――ズバリといえば、自分で自分に「はっと気がつく」ことです。

中傷も怨《うら》みも一時的なものだ

この経のいう「呪詛《しゅそ》」を、深刻に解さずとも、『悪口・非難』と受けとっていいでしょう。「毒薬」もまた『中傷』と解していいでしょう。こうした災難は、誰でも毎日のように遭遇しています。釈尊も、つねに体験されていたところです。

おもうのに、人間は逆境にあって失脚するのではなく、実は、順境のときに落伍に必要な種を蒔《ま》いているのです。恐ろしいのは、自分にツキがまわっているときの、一身の操作と積み上げをおろそかにすることです。人に中傷された、ねたまれたと他を責める前に、そうしたキッカケを作ったのは、ほかならぬ自分にあったことを思い出しましょう。調子に乗って思いあがり、徳を汚していたからこそ呪《のろ》われるのです。

「生意気な奴！」とのかげ口を耳にしたとき、立腹する前に自分の言動をふりかえることです。つねに観音を念ずるとは、大いなるものから守られたいとの願いであるだけでなく、自分で自分をつつしもうと、深淵からの誓いを呼び起こしてくださることになるのです。

東京の谷中《やなか》（台東区）の南泉寺《なんぜんじ》を開いた大愚和尚《たいぐおしよう》（一六六九没、八十六歳）のところへ、出雲《いずも》の殿様堀尾吉晴《ほりおよしはる》の愛妾《あいしよう》、松虫《まつむし》・鈴虫《すずむし》という二人の美女が罪を犯して、ひそかに逃げこんで来ました。大愚は二人をあわれんで尼僧にして他へ逃《のが》れさせます。このことが世間にデマとなって伝わり、〝一僧二女を抱くの図〟という絵に刷《す》られて売り歩く者も出てくる騒ぎに、本寺の京都花園《はなぞの》の妙心寺《みようしんじ》から「本寺出頭禁制」の処分を受けます。

大愚は、怒って真実を弁じようと江戸を旅立ち、あと数時間で京都に入るという鈴鹿《すずか》峠手前の関《せき》村を過ぎるころ、ふと馬子《まご》が、

何をくよくよ　北山《きたやま》しぐれ
思いなければ　晴れてゆく

と歌うのを聞いて、ふっと気づくのです。そして目的地を目前にしながら、江戸へたち帰るのです。（自己弁解に貴重な時間をついやすよりも、自分の本来の使命に進むべきだ）と

も考えられます。さらに、中傷も怨みも〝北山しぐれ〟のように一時的のものだ。本来、天は快晴である。しぐれという中傷にこだわることがなかったら、いつとはなしに晴れるのだと深められます。

しかも、このふっと気がつくのはけっして突然変異ではありません。平生の積み上げが、何かを契機として発火され、危ういところで自他を害《そこな》わずに別天地を発見できるのです。

馬子は、大愚に気づかせようとして歌ったのではないでしょう。しかし、卑近な馬子唄をも「わたくし一人を救う教え」とキャッチできるのは、自分のこころのはたらきです。このはたらきが「観音の知恵」です。電波はたえず流されていても、受ける機能がなければ、声にも絵にもならないのと同じです。

みんなをしあわせにしよう――との観音さまからの念波と、こちらの機能とが一体になって正しくキャッチされるのを「感応道交《かんのうどうきよう》」と申します。人間の願いと、ほとけの誓いが相互乗入れをして融《と》けあう状態のことです。

感応道交するから、私たちの醜い心もほとけのこころに帰るのです。〝本人に還り〟〝元にかえる〟のです。

私たちの心に住む「羅刹《らせつ》」とは?

つぎに「観音経」は、この「呪い」や「毒薬」を七難の一つとして、絵になるような譬喩《ひゆ》で展開します。

或遇悪羅刹《わくぐうあくらせつ》　毒龍諸鬼等《どくりゅうしょきとう》　念彼観音力《ねんぴかんのんりき》　時悉不敢害《じしつぶかんがい》 ⑬

羅刹《らせつ》や　毒竜や　鬼たちに出会っても

観音を念ずれば　危害を受けずにすむ

——私たちは、いつも被害者であるとともに、いつも加害者である。

「羅刹《らせつ》」は梵語ラークシャサの音訳で、魔力を持ち、人間をとって食べる悪鬼です。のちに仏教の守護神に昇華しますが、ここでは本来の悪鬼です。また「毒龍・諸鬼」は、走ることも早いが力も強い食人鬼です。いずれも恐ろしい「羅刹国」に住むといわれます。

しかし、羅刹国は、フィクションとか、遠いところにあるとは限りません。人を傷つけ、人を殺してそれに代わろうとする悪心は、そのまま羅刹・毒竜・悪鬼です。私たちは、被害者となったときは、痛切に加害者の顔が鬼に見えます。しかし、羅刹《らせつ》国は自分の身中にも厳存していることを思い知らねばなりません。いつでも、私たちは被害者であるとともに加害者たり得る資格を、十二分にそなえているのです。

ここに大いなるものを見つめて、その加護を要請せずにはおれなくなります。自分を害しようとする敵の心中に棲息《せいそく》する羅刹を、私たちの心中にも見ぬくのです。私たちを怨《うら》んでいる人を怨み返そうとすると、怨みと苦しみは倍増される道理です。〝怨みは怨みによって消えず〟と「法句経《ほっくきょう》」に教えられるゆえんです。私は同経の一九七番、

怨みをいだく人々の中に
たのしく　怨みなく　住まんかな
怨みごころの人々の中に　つゆ怨みなく住まんかな（友松円諦《ともまつえんたい》師訳）

を朗唱するのがすきです。「時悉不敢害《じしつぷかんがい》」です。私は「害を受けなくてもすむ」と、訳しましたが、同時に、他に「害を与えずにすむ」の意がこめられているのです。漢訳を逐字読みをすると、「時に悉《ことごと》く敢《あ》えて害せず」となります。悉くですから敵味方や、自他の区別

を超えるのです。私たちに害意を加えようとする〝敵〟の心を救おうとしない限り、怨みは消えるわけはありません。このところを梵文現代語訳に「一本の毛髪さえ、害《そこな》うことはない」と訳されています。観音を念じて、ほんとうの人間性が開発されたときは、自他ともに害されることなく救われるのです。怨憎《おんぞう》のない「観音地帯」が設定されるのです。

「涅槃《ねはん》」とは寂《しず》けさ、平安なこころ

「法句経《ほっくきょう》」百三十四番に、

いかなることばをきくとも
なんじ　もし　毀《こぼ》たれたる鐘《かね》のごとく　黙しなば
いかりは　来らざるべし　これすでに　涅槃《ねはん》に達《いた》れるなり（友松円諦師訳）

と、うたわれます。「毀《こぼ》たれたる鐘」は、いくら打たれてもたたかれても音を発しません。黙すとは、黙秘権の行使ではありません。自分の心中に向けて声を出すのです。打たれた鐘の音が、内なる空洞に向かって流れるように、自分に呼びかけるのです。内に向かっての声ですから、自他の髪の毛を〝一本も害《そこな》う〟ことはないのです。

涅槃《ねはん》とは、こころの寂《しず》けさ、平和なこころの状態です。自他がともに救われてこそ、ご利《り》益《やく》のご利益たるゆえんがあるのです。

かつて、坊秀男《ぼうひでお》氏が厚生大臣在職中に、所管の事件について、不信任案が上程されました。激しい弾劾《だんがい》演説の中で坊氏は大臣席で手帳にペンを走らせています。後でわかったのですが、それはメモでなく「十句観音経《じっくかんのんきょう》」を何べんとなく書いておられたのです。

「十句観音経」は、「延命《えんめい》十句観音経」ともいい、文字通り十句四十二字の短編の経典で、

「観世音菩薩を信じます。人間は、みなほとけ（仏）と、おしえ（法）と、信心をともにする友（僧）にめぐまれて正しい生活ができます。そして、安らぎと永遠のいのちに恵まれます。ゆえに、朝夕に観音を念じます。つねに念じつづけてまいります（観世音《かんぜおん》　南無仏《なむぶつ》　与《よ》仏有因《ぶつういん》　与仏有縁《よぶつうえん》　仏法僧縁《ぶっぽうそうえん》　常楽我浄《じょうらくがじょう》　朝念観世音《ちょうねんかんぜおん》　暮念観世音《ぼねんかんぜおん》　念々従心起《ねんねんじゅうしんき》　念々《ねんねん》不離心《ふりしん》）」

と、いうのですが、この経は古来から信奉されて、白隠禅師《はくいんぜんじ》にも『延命十句観音経霊験《れいげん》記《き》』の著述があります。

坊氏は、昭和四十一年の夏に谷中《やなか》の全生庵《ぜんしょうあん》でこの経典にめぐりあい、中川宋淵《なかがわそうえん》老師のす

すめによって、それからは毎日「百巻読誦《どくじゅ》」を続け、写経もしておられます。また、服のポケットに入れていつも黙読されています。

このおかげで、弾劾演説の間も激怒することなくすごせてよかったといわれたと聞きました。

弾劾のことばが、弾劾者に返るのではなく、坊氏が聞きながら、自分のあるべきようを失わないのが「還著於本人——元にかえる」ことだ、と私は信じるのです。観音さまを信じ、お守りを願うのは、そのまま自分の中に観音さまのこころの宿ることを信じ、自分を守ることにほかならないのです。それが、「時悉不敢害《じしつぶかんがい》」——（自他ともに）危害を受けずに、損害もなしにすむということです。

(10)

怒りと欲望

――なぜ、振りまわされるのか

若《にゃく》悪《あく》獣《じゅう》囲《い》遶《にょう》　利《り》牙《げ》爪《そう》可《か》怖《ふ》　念《ねん》彼《ぴ》観《かん》音《のん》力《りき》　疾《しっ》走《そう》無《む》辺《へん》方《ぼう》　⑭

猛獣にとり囲まれ　危難にさらされても

観音を念ずれば　おそれをなして　いずくにか逃げ去る

蚖《がん》蛇《じゃ》及《ぎゅう》蝮《ふっ》蠍《かつ》　気《け》毒《どく》煙《えん》火《か》燃《ねん》　念《ねん》彼《ぴ》観《かん》音《のん》力《りき》　尋《じん》声《じょう》自《じ》廻《え》去《こ》　⑮

毒蛇やまむしに襲われて　火《か》焔《えん》の舌を吐かれても

観音を念ずれば　念仏の声とともに　すがたをかくす

――サビは鉄から出て鉄をくさらせ、悪は心から出て、心を食う。

「爪牙《そうが》」とは猛烈な我欲の象徴

すでにお気づきのように「観音経」には、さまざまの悪獣が姿を現わします。昔は、旅といえば歩くより方法がないのですから、道中は楽しみ以上に苦しみと恐れに見舞われました。

人生もまた旅です。目に見る災難のほかに目に見えない苦難も待ちうけています。経典にフィクションの毒竜や食人動物が登場するのは、人生旅程の精神的迫害を物語ります。

さまざまの悪獣が現われるのは、テレビの怪獣映画を見るようで興味がありますが、私たちの心を食い荒らす猛獣は、テレビの画面からは想像できません。それらに思想がこめられていないからです。

この章においても海と山の悪獣がはねまわりますが、同時に私たちの心中にそれらがはびこって、大切な人間性を脅《おびや》かす景観を示します。

悪獣や毒蛇にとり囲まれても、一方の血路を開く方法もありましょう。しかし、内から爪をみがき、牙をむき出されたら自滅のほかありません。今は昔と違い、外部から猛獣に襲われる危険は減少しました。ところが、反比例的に心中の猛獣どもが、暴れまわっているのです。

爪牙《そうが》は、我欲の猛烈さを示します。つかんだら離さないガメツイ心の爪です。釈尊は、〝サビは鉄から出て鉄をくさらせ、鉄自身を食うように、悪は心から出て心を食う〟と語られます。人肉を食うのは猛獣だけではないのです。ここでいう悪は、貪《とん》（むさぼり）・瞋《じん》（いかり）・痴《ち》（愚痴《ぐち》）の三つの煩悩《ぼんのう》で、これを「三毒《さんどく》」といいます。

釈尊は、また〝猛獣は怖れなくとも、悪友は怖れなければならぬ。猛獣は身を破るだけだが、悪友は心をも破るからである〟と、悪友を猛獣にくらべているのは注意を要します。善い友に会えば、心ずよき師にめぐり会える縁になりますが、悪友は、さらに悪友を呼ぶ縁となるからです。

毒蛇などが、火焔の舌を吐く（気毒煙火燃《けどくえんかねん》）のは、動物園で見てもあまり気持ちのいいものではありません。その害を受けるのはもとより恐ろしいが、加害者となるのはさらに恐ろしいことです。それは蛇のように執念深く人の成功を嫉《ねた》む心情です。私たちは、とかく被害者に自分を仕立てがちですが、加害者になる率のほうが高いことを忘れています。

ここに「南無観世音菩薩」――「念彼観音力」と念じて、悪から遠ざかる誓いが大切となります。すると、（悪獣が）恐れて、いずくにか逃げ去る（疾走無辺方《しっそうむへんぼう》）のです。この〝いずくにか逃げ去る〟という〝いずくにか〟に大きな意味があります。梵文現代語訳には「辺《はてし》なき方《かた》に走り去らん」とあります。それは〝どこかわからないが、どこかへ行ってしまった〟というように軽く受けとってはなりません。

忽然《こつねん》として煩悩は起こり、忽然《こつねん》として煩悩は去ります。このことに、はっと気づくのです。はっと気がついたときが「疾走無辺方」――いずくにか、煩悩は去るのです。そしてやっかいなことにまた襲って来るのです。それが人生の悩みというものです。

〝さとりは煩悩の路ばたに咲く花〟

念彼観音力　疾走無辺方――観音を念ずれば、どこか（無辺方）に去るので、猛獣が絶滅したのではありません。その場から去っただけで、どこかに生きながらえているのです。ということは、観音を念じたおかげで煩悩は、その場では消えたが、根強くどこかに残っているのです。煩悩は、人間が生きている限りあるのです。それをなくそうとするところに、新しい悩みが発生します。

煩悩はなくなるものではない、整理整頓すべきものであることは、『般若心経入門』でくり返し述べたとおりです。この整理整頓の方法として、〝観音を切に念ぜよ（念彼観音力）〟と、「観音経」は私たちに呼びかけます。しかし、この〝観音を念ずる声に尋《つ》いでどこかへ廻《かえ》ってゆく（尋声自廻去《じんじようじえこ》）〟とありますが、「絶滅した、なくなった」としない点がことさら大切なのです。

「声に尋《つ》いで」とは、声につづいて・ほどなく・まもなくです。私は「声とともにおさまる」と訳します。いずれにしても猛獣や毒蛇が死んで、それからは絶対に現われない――とは言っていません。漢訳に、声に尋《つ》いで「自ら廻《かえ》り去らん」とあるのは興趣津々《しんしん》です。

まず「自ら」は〈みずから〉とも〈おのずから〉とも読みます。この場合、どちらでも意味が成立いたします。「南無観世音」と、観音を念ずる声を聞くと、たちまち自然におさまるのです。あるいは、追われなくても猛獣のほうから去ってゆくのです。

次に「廻《かえ》り去らん（廻去）」は、廻が大切です。猛獣が猛獣であって、しかも猛獣でなくなるのです。煩悩が煩悩であって煩悩でなくなるのです。存在がなくなるのではなく、存在しながら、その悪いはたらきが善いはたらきに「廻《かわ》る」、つまり価値転換です。昔の人は〝渋柿の渋そのままの甘さかな〟といっています。渋を摘出して甘味を注射するのではありません。渋柿の皮をむき、雨にあてぬように日かげに乾して丹精の結果、美しい白い粉がふいて甘い干柿《ほしがき》になります。

渋がそのまま甘味に価値転換いたします。渋がなかったら柿は腐敗してしまいます。渋があって、しかも渋ではなくなるのです。ただ、丹精を怠ると渋がもどるそうです。煩悩があればこそ、さとりがあるので、友松円諦《ともまつえんたい》先生が〝さとりは煩悩の路ばたに咲く花である〟といわれてます。ですから、心に安らぎを得ても管理が悪いと、もとへもどってしまいます。

白隠禅師「腹は立てるが怒らない……」

盤珪《ばんけい》禅師（一六九三没、七十二歳）は、むずかしい漢語や禅語を一切使わず、そのころの庶民のことばで説法されたので有名です。

あるとき、この禅師に一人の男が「私は生まれつき短気で、怒りっぽくて困ります。なんといたしましたらば治りましょうか」と相談を持ちかけます。このときのやりとりを師の「かな法語」で伺いましょう。

「そなたは、おもしろいものを（持って）生まれつかれたの、今もここに短気がござるか。

あらば、ただここへお出しやれ、なおして進ぜようわいの」

「ただ今はございませぬ。なにとぞいたしましたときに、ひよ（い）と短気が出まする」

「しからば、短気は、生まれつきではござらぬ。何とぞしたときの縁によって、ひよいとそなたが出すわいの。何とぞしたときも我《が》（自我のこと）をでかさねば（出さなかったら）、どこに短気があるものぞ、そなたが身のひいきゆえに、向こうのものにとりあって、わが思わくを立てたがって、そなたが出しておいて、それをば生まれつきというのは、難題を親にいいかくる大不孝の人というものでござるわいの」（漢字・かなづかい・句読点一部変更）

短気は生まれつきではない、自我の強さ、わがまま、身びいきから発生すると教えられます。なるほどそのとおりで、一言もありません。実は、私も一人前以上の短気者なので、盤珪禅師のいわれる、

「そなたは、おもしろいものを（持って）生まれつかれたの、（短気を）ここへお出しやれ、なおして進ぜようわいの」

は、私のための言葉です。短気が常に実存するものなら出せます。突然、どこからか出て来て無辺方へ去ってゆくのです。それも実は、私が「出した」ので、根無し草に過ぎませ

ん。短気のために、私は自分を害し、どれだけ他を害したかわかりません。短気は、たしかに猛獣毒蛇です。短気を起こしたときの私の発言は、まさに「火焔の舌」を吐く「気《け》毒《どく》の煙火の燃ゆるがごとくならん（気《け》毒《どく》煙《えん》火《か》燃《ねん》）」です。

盤珪禅師とならび称される、前にも述べた白隠禅師に、ある人が質問します。

「あなたの怒ったところを、私はついぞ見たことがない。いったい、あなたは腹が立たないのですか？」と。

まあふつうの人間だったら、「オレは修養を積んでいるから、腹の立つわけがない！」と、得意げに答えるでしょう。ところが、白隠禅師は違います。

「バカ言うな。わしは土の人形ではない。生きておるのだ。だから、一日のうち何べんでも腹が立つことがある」

「でも、あなたの怒ったところは、見たことがありません」

「そうか、わしは腹は立てるが、お前のように怒らんだけだ！」

生きている限り煩悩はつきまといます。腹も立ちます。腹を立てるのは大切です。いや、腹の立て方が大切です。それがなかったら社会の不正を正す意欲も起きません。自分のだらしなさに立腹してこそ奮発心も起きるのです。だから、白隠禅師は「腹を立てる」といわれます。ただ〝怒らぬだけだ〟の一言をよく聞かねばなりません。

私たちは、立腹と怒りとを直結してカッカしてしまうから大事になるのです。立腹と怒りとの間に一線を劃《かく》すというよりも、次元が違うと見るほうが、白隠禅師の教えに近いようです。

腹が立つ、いや、腹は立てねばならぬ。しかし、怒ってはならぬとは、腹は立つが、ここは黙って、じっと静かに相手を教えるべきか、相手をあわれむべきか、自分を反省すべきか、と立腹をかみしめる「間《ま》」を持てば、怒らずにすむのです。念彼観音力——観音を念ずれば、この「間」が授《さず》かります。そして立腹を処理する知恵と、他者に対する慈悲が生まれるのです。

煩悩は無尽だが、人間を深める肥料

怒りは、すべての善行を焼きつくすとすでに申しました。

火炎にたとえられた怒りをはじめ、多くの煩悩は観音を念ずることによって価値転回するのです。それが「尋声常自廻去」です。

煩悩を去勢する信仰であってはなりません。どこまでも価値転回の願いでなければなりません。仏道の修行者は「煩悩は尽くるなし、されど、断ぜんことを」と誓願いたします。しかし、煩悩は尽きることは永遠にありませんから、ほとけの願いもまた無尽です。煩悩の尽きるときがあるのなら、ほとけの慈悲もまた有限となってしまいます。永遠と無尽の対決を実感するとき勇猛心がわきあがります。

煩悩は尽きないのはわかるが、不可能と知りつつ、なお断ちたいと、願わずにはおれないのも、また尊い人情です。ここに感ずる心のいたみが、人間性を深め、高める縁となるのです。他をあわれみ、自らも励むこころを自覚できるようになります。腹を立てるのは大切です。禅者は〝勇猛《ゆみよう》の衆生のためには、成仏《じようぶつ》一念にあり。懈怠《けだい》の衆生のためには、涅槃三祇《ねはんさんぎ》にわたる〟と戒めます。勇猛心（勇気をふるい立たせる）を持つ人には、成仏《じようぶつ》（さとり）は、またたく間に得られるが、怠け者には、永久に心の安らぎは得られないということです。

勇猛心は、自己に対する腹立ちです。進歩も、理解も、同情も自己の深層からわきあがる大きな願いとしての腹立ちでありたいものです。したがって、「腹を立てるな」ではなく、「腹の立て方を学び、上手に腹を立てよ、自他を益するような腹の立て方を手に入れよ」ということになります。

怒りを爆発させてはならない。腹が立って怒りたくなったときは、私のように短気なお方は、こんなときにこそ観音を念ずるのです。その声とともに、その瞬間に必ず静まると「観音経」は証明します。やりましょう。ぜひやってみてください。

(11)

風難——急ぐこと・焦《あせ》ること

——「考える間《ま》」をもとう

雲雷鼓掣電《うんらいぐせいでん》　降雹澍大雨《ごうばくじゅだいう》　念彼観音力《ねんぴかんのんりき》　応時得消散《おうじとくしょうさん》　⑯

雷鳴とどろき　雨あられ降りしきるとも
観音を念ずれば　ただちに鎮《しず》まるのである

——庭の雑草を一本抜くことが、心の雑草を一本抜くことに通じる。

「魔がさす」とは卑怯な言い逃れだ

私は、今でも雷が嫌いというよりも怖《こわ》いのです。雷の鳴る日は、朝からお腹《なか》がシクシクして予感できるほどの動物的神経を持ちあわせています。このごろは雷雨情報も発達しましたが、それでも突如《とつじょ》やってきて、大音で鳴りわたり大雨を降らして、さあっとどこかへ去ってしまいます。私たちの悩みもまた同じです。明朗な心中に、突然一点の雲があらわれると、理性はまったく曇って〝あの人が？〟というように意外な言動に接することがあります。それはけっして人ごとではありません。〝魔がさす〟とよく言いますが、それは卑怯な言い逃れです。

最近は雷も少なく、めったに「ごろごろ」に出遭《あ》わないので助かります。しかし、不愉快な目にあったり、自分でも短気を起こして周囲に雷を落とす悪い癖はなくなりません。ただ気がついたとき、一つずつ修正してゆこうという願いを持って、この世の旅をつづけるつもりです。

一本の雑草が青年の人生を変えた……

福井県に永平寺《えいへいじ》という曹洞宗《そうとう》の大本山があります。先年、家内とつれだって参詣《さんけい》しました。ちょうど、東京のどこかの会社の女子社員と思われる団体に、若い雲水さんが説明しているのが聞こえてきました。最後に、

「坐っていて、足が痛くなった人があったら手をあげてください」と聞くと、全員が挙手をしました。それを見て雲水さんは、にっこりとほほえんで、

「それがここのお土産《みやげ》です。東京へ帰宅されても、一日に一度は足が痛くなるまで坐ってください。現代人に一番欠けているのは、坐って自分を見る時間を持たないということです」

と告《つ》げます。さらに、

「私ははじめからプロの坊さんではない。数年前にはあなた方と同じサラリーマンだった。いつも会社の昼休みの時間には、近くのお寺の縁側で寝ころんで週刊誌を読むことにしていた。

ある日、そこの年をとったお坊さんが私に〝そんな暇があるのなら、前庭の草を取ってくれ〟と言うのです。私が（失敬な奴だ）と内心怒りながら草むしりをしていると、お坊さんは、〝止めろ、そんな草の取り方をすると後で困る。わしは、君に庭の草とりを命じたが、雑草を一本抜くことが、君の心中の雑草を除くことに通じることを知ってもらおうと思ったからだ。君ならわかると思ったが、わしの見込み違いだった〟といって奥へ引っ込んでしまったのです。

私の胸に、この一言が突きささりました。そして、この一言に導かれてここへ来たので

す」

と、しみじみと告げます。

若い女子社員の顔には、あきらかに感動の色が現われました。それまで後ろのほうで寝ころんで聞いていた中年の男性までが起き上がって、坐りなおしたくらいです。

彼が草取りを命じられたときの内心の怒りの雷も、老僧の一言でおさまったのです。

雲水さんにとっては、人生の一大転機となった老僧の一言は、まさしく観音の説法に違いありません。

現代は、個性尊重の教育が行きとどいた結果、かえって自己《エゴ》意識が強くなりすぎて、みんな怒りっぽくなったようです。

怒雷《どらい》や他の心を傷つける稲妻がひらめきすぎます。雷雲が催しかけたら、ただ一言「南無大慈悲観世音」と念じようではありませんか。それは、自分をとりもどす大きな力となって、怒りからあなたを救わずにはおかないでしょう。

(12)「忍耐」の意味

――どう生きればよい、失意と傷心のとき

衆生《しゅじょう》被困厄《ひこんやく》　無量苦逼身《むりょうくひっしん》　観音妙智力《かんのんみょうちりき》　能救世間苦《のうくせけんく》　⑰

ひとびとよ　災《わざわ》いにあい　苦悩に堪《た》えかねても
観音の知恵は　必ず世間の苦を救う

――から松の　林の奥も　わが通る路はありけり　きりさめのかかる路なり

〝声を出して泣ける人はしあわせだ……〟

私は「般若心経」を継母から、「観音経」を師匠でもある父から教わりました。いずれも小学校へ入る前でした。そのころの寺の小僧さんは、みな小さいときにお経を習いました。それも机の前に坐るわけではなく、掃除を手伝いながら、口うつしに習い覚えて暗記するのです。その日も、庭の草取りをしている師父のそばで習ったのが、冒頭の一節です。

そのときは、漢文の棒読みです。私が暗記できたので、師父もホッとして、ひとりごとのように「『観音経』の中で、わしはとくに、いま教えたところが大切だと思う」と、草べらを地につきさして、泥だらけの手を合わせたのが、いまだ記憶に残っています。

「お前も成長したら、学問もし、地位や財産もできよう。それで、しあわせだと思いこむかもしれんが、そんなものが何の役にも立たぬときに、必ず出あうぞ。そのとき、今日の一節の意味がよくわかろう。しかし、ほんとうにわかるのは、わしが死んでからだろうな――」

といいました。

実にそのとおりでした。すぐにわかるものは底の浅いものです。師父の死後に思いあたることばかりです。世間を生きていく人間が、世間の災難にあうのはとうぜんとしても、すべてが、学力や財力で解決できるほど甘くないのもまた世間でした。

私は、「世間」とは「人世と人間」の意味と受けとれます。つまり「人の世」と「人の間」のことです。世とは、人が生きていく時間の上で遭遇《そうぐう》する災難や苦悩――生《しょう》・老・病・死の四苦です。間とは、人が生きていく空間の中で出会う人や物に関する諸問題です。対人関係では、愛する者との別れ「愛別離苦《あいべつりく》」、憎しみあいながら離れられない「怨憎会苦《おんぞうえく》」があり、対物質関係では、欲求が満たされない「求不得苦《ぐふとつく》」、持てる者の悩み「五蘊盛苦《ごうんじょうく》」の四苦です。

これらの苦悩については、『般若心経入門』で解説したので、ここでは省略しますが、どれも予見できず、自分の思うように展開できないものばかりです。世間の苦しみとは、そうした性質のものです。

〝世間は、甘くない〟といいました。型にはまった知識ではどうにもならぬ苦《にが》さがあるのです。また〝世間は狭い〟とも申します。道幅が狭いと事故を起こすように、血縁とか親類は身近な関係だけにトラブルが多いのです。地位や、肩書で解決できない問題が潜《ひそ》んでいます。

生まれる・老いる・病む・死ぬといった問題に対しても同じで、いざというときには、習い覚えた知識が音を立てて崩れてしまうのです。

この狭くて、苦しい世間を広く楽しく渡ってゆけるはたらきが「観音の知恵」です。

から松の　林の奥も　わが通る路はありけり
きりさめのかかる路なり　まつかぜの通う路なり（『水墨集』）

私は、北原白秋《きたはらはくしゅう》のこの詩が好きです。から松の林は人生に通じます。茂った暗い林の奥にも通る路があるのです。迷いやすい路を歩き悩む白秋の姿は、とりもなおさず私たちの姿ではありませんか。から松の林には、きりさめもかかります。それは佐渡《さど》に流された日蓮《にちれん》聖人《しょうにん》の、

鳥と虫とは鳴けども涙落ちず　日蓮は泣かねども涙隙《ひま》なし
此の涙世間の事にはあらず　但偏《ただひとえ》に法華経の故《ゆえ》なり

の述懐《じゅっかい》にも通じましょう。「鳥と虫とは鳴けども涙落ちず」で、声を出して泣ける人はしあわせです。声を聞きつけて誰かが慰めてくれます。しかし、いくら大声をあげて泣いても、飛んで来てくれる人がないことがわかっていれば、声は出しません。音をのんで泣く人は、ひとしおあわれです。親も身よりもない孤児は、泣くとき声を出さないといいます。

日蓮聖人の「泣かねども涙隙《ひま》なし」にこのことを感じます。ただそれがいわゆる「世間事」でなく「法華経の故なり」とあるのを、心にとどめねばなりません。「法華経」の教えの温かさ、深さ、そして、その導きゆえに「泣かねど涙隙なし」と喜ばれるのです。大声を張りあげて嬉し泣きに泣きたいのだが、この教えがわかる人の少ない悲しさに声を殺して、ただ涙のみ流されたのでしょう。ここに、常識的『世間』から「法華経」の『世間』への跳躍があるのです。

「憂《う》き世《よ》」を明るく生きる秘訣

白秋の詩で思い出すのが、『荊棘林中《けいきょくりんちゅう》一条《じょう》の路《みち》』という禅語です。荊棘林とは、ばらやいばらの生い茂った荒れ地で、困難や難局を意味します。そこにも『わが通る路はありけり』が『一条の路』です。

しかし、一条の路といっても、まっすぐな舗装道路ではありません。曲がりくねった迷路に違いないのです。「世間の路」とはそういう路です。よく、〝この路をまっすぐに行きなさい〟と教えられることがありますが、だからといって文字どおり直進する人はないでしょう。

まっすぐにとは、直情径行《ちょくじょうけいこう》（相手のことなど考えずに、自分の思ったとおりに言ったり行なったりする）でなく、目的地を忘れずに、曲がった道は、曲がったままに歩くことではありませんか。それが曲がった道をまっすぐに歩く知恵ではありませんか。この知恵が「忍耐」の知恵です。観音さまのお知恵です。この知恵だけが、よく「世間」の苦しみを救い、世間を明るく照らすのです。

私たちの先祖は「世間」を仏教的な生活感情と体験から「憂《う》き世《よ》」と受けとりました。また、浮き沈みが多い世の中だから「浮き世」とも考えました。ともに〈狭くて、苦しくて住みにくいところ〉の語感にあふれています。

しかし「苦しさ」と「狭さ」に徹すると、かえってひろびろと楽しく、不安なくわたってゆけるのが「世間」の正体でもあります。

誰しも経験することですが、狭い路で車を走らせているとき、対向車に出会います。すると、どちらかがバックして、スレ違いができる地点まで徐行します。隘路《あいろ》でも、どこかに交換できる場所はあるものです。「争えば狭く、譲れば広し」という忍耐の知恵が自然に働くのです。これが観音さまのお知恵です。

前もって考えていたのではなく、そのとき、どちらかのドライヴァーの頭に直観的にひらめくのですから、理屈をこえた妙智力です。

狭い人生でも同じです。正面衝突の危険に出会ったとき、相手の苦痛を認めあい、許しあえる交換地点――〝愛の広場〟を見つける知恵が大切です。しかし、現代人は、この点の学習が不十分なため「速断《そくだん》病」にかかって、この知恵が昏《くら》まされています。そして、やたらにあせるのです。

観音さまが、「三十三に身を変化させる」とは、三十三という限られた数ではなく、自分に出会う多くの対者の身になって考え、悩み、悲しみ、許しあえる〝愛の広場〟を見つける慈悲の作用です。この知恵は、私たちの身にもそなわっているのですが、身びいき、身がっての「我見」と「速断病」のために、おおいかくされています。観音さまを念ずると、自然に「速断病」も治り、我見もうすらいで「妙智力」が輝きます。そして、自分も他人も、ともにしあわせになれるのです。

悲しみを昇華する方法

私が幼少のときから、たいへんかわいがってくれた、おせきさんというおばあさんがありました。私の幼名を最後まで覚えていてくれて、「ヤッチャン、ヤッチャン」と呼んでくれたものです。

すなおなよいおばあさんですが、戦争で実子夫婦を亡《な》くしたので、他から養子夫婦を迎えました。これもよい若夫婦ですが、五十年からの年代の差から来る「生き方」の相違は両者には苦痛です。おせきさんは、よく私のところへ、愚痴をこぼしに来ます。私はただ黙って〝拝聴〟します。よく聞いてあげることが、大きな救いとなるものです。

ある日、おせきばあさんは、一枚の懐紙に「一字だけ書いてほしい。その字を拝むと胸がスーッとなる字を書いてくれ」とせがむのです。私は思いあまって「忍」と書きました。

ところが、おせきばあさんは不満です。そこで私は、狭い路上で対向車に出会ったときの話をしました。

おせきばあさんは、はじめてにっこりと笑うと、涙をふきながら、

「ヤッチャン、ありがとう。よくわかったよ。わたしは、今日から〝うきよのバスの運転手さん〟になって、上手にバスのハンドルを握るよ。そりゃ、わたしのほうが若い人より長生きしているから狭い路にくわしいよ。みんなが地獄の谷に落ちないように運転するよ、もうヤッチャンに心配をかけないよ！」と、元気に帰ってゆきました。

私は、はっとしました。「忍」を、あれこれと、説明したのに、おせきばあさんは、いと

も簡単に〝うきよのバスの運転手さん〟と、長い人生の苦労の知恵で受けとめたのです。学問も少ないおばあさんですから、知識でわかったのではありません。観音さまのお知恵がおばあさんのこころを開いたのです。私もまた、おばあさんのおかげで、六十年前に師父から「観音経」を教わったときの、あの一言を思い出しました。

〝うきよのバスの運転手さんになるよ〟との清らかな一言を、私は忘れられません。おせきばあさんは、りっぱな人生の運転免許証を手に入れたのに、私は今もなお「仮免許証」すら、手に入らないのですから――。

苦悩の上手な受けとめ方

この点を「観音経」は、さらに、

無《む》垢《く》清《しょう》浄《じょう》光《こう》　慧《え》日《にち》破《は》諸《しょ》闇《あん》　能《のう》伏《ふく》災《さい》風《ふう》火《か》　普《ふ》明《みょう》照《しょう》世《せ》間《けん》 ㉑

汚れのない清らかな知恵は　暗い心に光をともし
すべての災《わざわ》いをふせぎ　普《あまね》く世間を明るく照らす

と説きます。「汚れのない清らかな知恵」とは、不浄に対する清浄というのではなく、汚ないから捨て、きれいだから拾うというようなよりごのみをしない、おおらかさです。幸福に出会うと有頂天《うちょうてん》になり、不幸に出くわすとシュンとなるようなもろさは、このよりごのみ、すききらいの偏食から生まれるのです。

偏食が人間を弱くするように、自分のいまの境遇にすききらいの観念を持つと、精神も病んで、ますます不健康になります。雨の日には雨の日の趣《おもむき》があるのです。逆境のときに順境のよき時代を空想するから、現時点が苦痛になるのです。

こんなときに観音さまの前に坐って「南無観世音菩薩」と、観音さまをよく見つめて念じてごらんなさい。観音さまを見つめるとは、観音さまに見まもられているあなた自身を発見することです。すると、あなたの中にある観音さまのこころが、あなたを救ってくださいます。暗いあなたの心中がぱあっと明るくなってきます。それが「暗い心に光をともし（慧日《えにち》破諸闇《はしょあん》）」です。

心が暗いと、一身の内外に事故を起こしやすいものです。しかし、事故というものは、どんなに気をつけていても完全に防げるものではありません。人間の力には限度がありますから。できるだけ事故防止につとめるとともに、すんなりと事故を受けとめる知恵が大切です。じょうずに事故に出会う柔軟なこころを常に養うのが、現代を楽しく生きる方法だと思います。「すべての災《わざわ》いをふせぎ　普《あまね》く世間を明るく照らす（能伏災風火《のうふくさいふうか》　普明照世間《ふみょうしょうせけん》）」を、私はこのように受けとめています。

住友銀行の重鎮《じゅうちん》であった堀田庄三《ほったしょうぞう》さんは、いつも、若い社員に〝おこるな、いばるな、あせるな、くさるな、まけるな〟の五点を、訓示しました。社員は、さらに覚えやすいようにその頭《かしら》文字をとって〝お・い・あ・く・ま〟と、座右の銘にしているそうです。

現代人は、とくに〝あせるな〟と自分自身に言い聞かせたほうがいいでしょう。横断歩道でも青信号を待ちかねていらいらしています。あせりが外へ露《あら》われるとおこる・いばるとなり、内攻すると、くさる・（自分に）まけることになります。事故もここから起こります。

「忍耐」とは「待つこと・考えること」だ

あせるなをひっくりかえすと〝待つことができる〟となります。ゆっくりと「信号待ち」ができるのです。それについて、ドイツの有名な作家ヘルマン・ヘッセの『シッダルタ』を紹介しましょう。

この作品は「インドの詩」という副題を持ち、第一部と第二部から成り立つ長編です。文学者の森川俊夫氏は「ここに盛られた思想は、ひっきょうヘッセ自身のものであり、ヘッセ自身の生活理想である。主人公シッダルタの遍歴と二重うつしに彼の遍歴が浮かんでくるのは偶然ではない」と解説されます。

主人公のシッダルタは、バラモンの家に生まれた聡明な若者で、釈尊とも出会いながら弟子とならずに遍歴をつづけるのです。そして、ある日、豪商カーマスワミーを訪《たず》ねて、次のように対話を交《か》わします。

まずカーマスワミーが、シッダルタに「商人は無代《ただ》でひとの所有物を受け取りはしない。商人はその代償に、ひとに商品をあたえます」というのに対して、シッダルタは、「おっしゃるとおりだと思われます。人はだれも他から受け、他にあたえます。これが人生です」と答えます。

「しかし、失礼ながら、無一物でおられるあなたは、何をひとにあたえようとなさるのですか」

との豪商の反問に、彼は、

「わたしは考えることができます。わたしは待つことができます。わたしは断食することが

できます」と、いいきります。すると豪商は、

「それですべてですか」と念をおします。

「それで、すべてだとわたしは信じます」

カーマスワミーは、さらにシッダルタに紙と筆をわたして「何か書いてほしい」と頼みます。彼はすらすらと筆を運んで、紙を豪商に返します。

「書くことはよし、考うることはさらによし、賢《かしこ》きはよし、忍ぶことはさらによし」


豪商は、彼の言葉に驚嘆するのですが、私は「忍」とは、歯をくいしばってあきらめようとしたり、「ならぬ堪忍《かんにん》するが堪忍」という悲壮な覚悟ではなく、この「待つこと・考えること・断食すること」のできる能力が、「忍耐」のすがただと思います。

私は、拙著『般若心経入門』でも、ヘッセの言葉を展開して「考えることは愛すること」であると述べましたが、あせらずに「因縁《いんねん》の熟するのを待つ」ことができるのが、観音の知恵であると申したい。横断信号が、黄から赤に、そして青になるように、時間の経過と周囲の変化を観察しながら、じっと待つ知恵が大切です。

また、相手の身になって考えるのも「忍耐」の知恵です。自分の善意が通らなかったとき

など、心中は空《むな》しさでやりきれませんが、それに耐えるのが「断食できる知恵」で、あわせて、「観音の妙智（恵）力」とたたえられるゆえんです。

(13) 人間の〝業《ごう》〟

——あなたを滅ぼす精神の〝毒〟とは？

種種諸悪趣《しゅじゅしょあくしゅ》　地獄鬼畜生《じごくきちくしょう》　生老病死苦《しょうろうびょうしく》　以漸悉令滅《いぜんしつりょうめつ》　⑲

さまざまな悪趣《あくしゅ》　地獄　餓鬼《がき》　畜生《ちくしょう》　さらに誕生　老衰　病い

そして死の苦しみは（観音を念ずれば）しだいに消えてゆく

——南無地獄大菩薩・南無飢餓仏・如是《にょぜ》畜生発菩提心《ぼだいしん》と念ずるこころが、苦難の熱湯の中に冷処を開発する。

梅原猛《うめはらたけし》氏の大胆な『地獄の思想』

さまざまな悪趣《あくしゅ》とは、くわしくは六つの悪趣——六趣《ろくしゅ》のことで、趣は〈おもむく・行く〉ということです。人間が、身と口と心で作ってゆく自分自身の歴史の集積（これを業《ごう》という）のままに、人間が運ばれてゆく、迷いの六つの世界の景観であり、そのときの心の状態の表象でもあります。六趣は、また「六道《ろくどう》」ともいい、業《ごう》のために人間が行く道を指向します。

六趣の中でも、とくに落ちこみやすい地獄・餓鬼・畜生を「三悪趣《あくしゅ》（道）」といいます。怒りを心中に持ち、言動に表わした人の行くところは「地獄」です。鬼は自分の怒りの幻影で、自分に責められます。怒りが憎しみと直結すると、地獄の「血の池」となります。〝血で血を洗う〟とは、仲をよくしていかなければならぬはずの血縁者が争うときに使われる言葉ですが、そのものズバリが「血の池地獄」です。

六趣については、恵心僧都源信《えしんそうずげんしん》（一〇一七没、七十六歳）の『往生要集《おうじょうようしゅう》』によく説かれていて、ダンテの『神曲』とともに地獄思想の代表作とされます（源信は、叡山内横川《よかわ》の恵心院に住したので、『源氏物語』の横川僧都《よかわのそうず》のモデルといわれる）。

源信の『往生要集』は、多くの経典から地獄を整理し、深い思索を経て労作したのですから、たんなる空想ではありません。実感をもって訴えます。

最近、梅原猛《うめはらたけし》氏は『地獄の思想』という自著で、

「地獄の思想は、もとより釈迦本来の思想ではない。しかし、彼は地獄の思想を、彼の説を説《と》く方便（方法）として用いたかのように見える」

としながらも、なお、

「私は大胆な仮説をここにたてる。日本の思想を流れるのは、三つの原理ではないか。生命《いのち》の思想と、心の思想と、地獄の思想。この三つの原理で、日本の思想史と文化史を大きく総括する試みをしてみようではないか」

と、問題を提起しますが、現代人の多くは地獄といえば「交通地獄」か「入試地獄」程度の関心しか持ち合わさぬようです。

源信以前の平安時代の日本人たちも、

「やはり地獄を異土と捉《とら》える考え方は薄かったようだ。いま、この歩いている道がそのまま地獄に通ずる道であり、あるいはそのまま地獄に変わる現在性がうかがわれる。それは今日いわれるような、交通地獄・試験地獄などといった比喩的な捉え方とは異なって、地獄そのものの実在を現実のこの場にまで引き込んでくる受け取り方である」（石田瑞麿『悲しき者の

救い・往生要集』）

これについて、私は地獄は存在すると確信します。ただ目に見える存在でないから感受するか、しないかの差があるだけです。自分に忠実であるなら、どうしても、地獄を感受せずにはおれません。自分に不忠実だと地獄を感受せずにすませます。この地獄の感受性が稀薄になったところに、現代の思想の混乱の原因があります。梅原氏のいわれる三本柱の一本が折れかけたのです。

むしろ、現代人が、現実に受けている苦悩こそ、彼らが軽蔑している地獄にほかならないこと、その苦しみがいかに苛烈《かれつ》であるか、容易に逃れられないのは、明らかに彼らが自分でつくったものであるということ、「容易に逃れられない」といったものの、現代に生きる限り絶対に脱出できぬ問題を孕《はら》んでいるということ、逃れられるものなら地獄ではないことを、徹底的に思い知ったら、「地獄」の思想がよく理解されましょう。

地獄の感受性の有無《うむ》と、地獄の存在の有無の議論とは別です。地獄の有無の論争に熱をあげること自体が、すでに地獄の一つの景観であるからです。

三遊亭円朝《えんちょう》（一九〇〇没、六十一歳）は、近代落語の口演の名人であるだけでなく、史実をあさって多くの名作を書き、自演もし、講演落語速記をはじめたりして、近代文学へ影響を与えました。また山岡鉄舟《てつしゅう》から禅も修めた異色の人ですが、彼が使った話の「枕」に、「ごく大昔に『断見《だんけん》の論』というのがあって、眼に見えない物はないにちがいない、と説きました。すると、そこへ釈迦《しゃか》が出て、お前のいうのはまちがいだ。ないというほうが迷っているのだといい出したから分らなくなりました」（桑原武夫編『一日一言』）

というのがあります。「ないというのも迷い、あるというのも迷い」とは、目に見えないものの存在の有無《うむ》にこだわると、大きな間違いを起こすことを注意しているのです。地獄の有無に執《とら》われている限り、地獄を感受できないでしょう。

獅子がわが子を谷底に落とすのも「地獄の愛」

地獄の不感症、つまり、自分自身に忠実でない者が、地獄の有無を問うのは無意味です。しかし、何とかして感受させたいとの古人の親切は、きわめて濃《こま》やかです。

本書でたびたびおなじみの白隠禅師に、若侍が、地獄の有無を質問すると、「見うけるところ、りっぱな武士だが、地獄の有無がわからんようではたいしたもんではないな！　あんたのような武士を刀架《か》けの糞ぶくろというのだ！」と口をきわめて罵《ののし》ります。はじめは耐えていた若侍も、ついに怒って抜刀しました。白隠は勝手を知った自分の寺です。巧みに逃げながらも、なお、罵言を浴びせるのです。若侍はついに禅師を本堂の一隅に追いつめ、「動くな!」と、切り下ろそうとした刹那《せつな》、禅師の裂帛《れつぱく》の一言が飛びました。

「そこが地獄だ!」

若侍は頭から冷水を浴びたように気づきました。一瞬の怒りから、名だたる高僧白隠を殺傷したら、家族や自分はどうなる。主君に対しても不忠の臣となるではないか、ああ、怒りこそ恐ろしい地獄であったと気づいたので、

「わかりました!」と刀を投げすて、両手をついて詫びると、それに応ずるかのごとくに春風のように和《なご》やかな禅師の声が彼を包みました。

「そこが極楽だ!」——。

この逸話を軽く処理してはなりません。聞く若侍も命がけなら、答える禅師は、なおさらです。生きるか死ぬか、知るか死ぬかの絶体絶命の境に立たぬ限り実感されぬ問題です。

この白隠に『地獄大菩薩』という雄渾《ゆうこん》な墨蹟《ぼくせき》(高僧の筆跡)が、静岡県沼津《ぬまづ》市原《はら》の松蔭《しよういん》寺《じ》に所蔵されています。一点一画《いつてんいつかく》に白隠の素晴らしい禅の力量を感じ、いかにも「地獄」の呻《うめ》きが伝わって来て、見る者もまた呻《うめ》かずにはおれぬほどの神品です。

白隠は、少年時代から地獄を恐れました。母と入浴中に、燃え上がる炎とたぎる熱湯に

「地獄草紙」を連想して泣き出してやまなかったほどです。これが縁で後に大悟《たいご》した白隠です。この白隠の逸話であり墨蹟ですから、人に迫るものがあるのは当然です。

人生を、要領よく渡る限り、地獄は感受されません。真剣に生きれば必ず地獄を感受します。感受したらじたばたせずに対決するのです。床の間の白隠の墨蹟に対するがごとくに、じっと凝視するのです。

観世音菩薩は、いつも私たちが期待するような形で、私たちを救済してくださると考えたら甘すぎます。私たちを奮《ふる》い立たせるために、私たちを苦しめ、憎むという思いもよらぬコースから向かって来られます。

いつも頭をなでてやさしい言葉で親は愛してくれるとは限りますまい。ときには烈しく叱り、外へも追い出すのです。獅子は、わが子を谷底へ蹴おとすといわれるではありませんか。それが「地獄の愛情」です。

逆境もまた観音さまから恵まれた慈悲です。観音さまは、三十三身に変化して説法されます。それは、いつ・どこ・誰もの中にも（みんなをしあわせにしたい）との誓願となって埋《うず》みこめられているという事実にほかなりません。だから、地獄と化して救済されるのは当然です。

地獄という様相で私を救ってくださるのだと目をあけ、恐ろしさ・口惜しさ・悲しさが、そのまま救いだと「南無地獄菩薩」と大声で何度も唱《とな》えてごらんなさい。地獄をも観音さまの浄土だと感受できたら、あなたの逆境の意味するところが必ず納得できます。

観音の「思惟《しい》」とは「深く考えよ」の意味

地獄の有無を論ずる暇に、いつかは出会う地獄をも「南無（信ず）」する心根《こころね》を養うほうが賢明です。それが地獄の存在をあげつらうあなたに明確な解答となります。また、多くの意味で地獄の苦難を脱する力ともなり、よろこびともなります。ここを観音さまは「印相《いんぞう》」で私たちにブロック・サインを出しておられるのです。

如意輪《にょいりん》観音さまの右の第一手は、頰《ほほ》にあてて首を少しかしげておられます（81ページ写真参照）。人間でも右手がいちばん忙しい動きをします。この多忙な手を頰にあてて思考する時間を持ちなさいとのお指図《さしず》です。

〝人間は葦《あし》のように弱いものだが、考える葦である〟とは、よくいわれるパスカルの言ですが、今は〝弱い〟どころか、人間に〝不可能はない、強いのだ〟と自信過剰になり、考える能力を放棄してすぐに行動に訴えるのです。また、「自分の感情を大切にしなければいけない」といいますが、他人の感情を思いやろうとしないから、人間関係が愛でなく、憎しみをよりどころにするようになりました。

観音さまの「思惟《しい》」のサインは、〝よく考えを高め、思いを深くせよ、思うが上にも思え〟です。老人を見たら、自分の未来をそこに思え、幼き者に会ったら、自分の過去をそこにみよ、他者の中に自己を感じよ、人世には文法でいう第二人称も第三人称もない。現在進行形の第一人称の自分の問題として受けとめよ、いま・ここ・自己として考えよ！ とのサインです。「観音経」の「爾時《にじ》」は、そのときがそのまま「このとき」で、あなたの現時点なのです。

このように、人間は思考するときを持つのが大切です。このためには、観音さまに限らず、久遠《くおん》なるもの、目に見えぬものに、有限で有形の自己を見すえてもらう心の用意が必要です。

教育評論家の金沢嘉市《かなざわかいち》先生と対談したおり、「こんな話があるんです」と先生から紹介されたお話があります。

「算数の時間に、先生が『リンゴが四個ある。これを三人で分けるにはどうするか』と問題を出した。一人の子が手をあげて『一人一個ずつ分けて、もう一つはほとけさまにおそなえする』という。先生は『だめ！』とやっちゃったんです。残念なんです。算数の時間だから、先生は一ケ三分ノ一ずつという答えを要求したのはわかるが、そこで『おまえは、いいことをいうなあ』となぜ言ってくれなかったか。あるいは『ほとけさまにそなえてから、もう一度持ってきて四個になった。それを三人でわけたら』というようにいって欲しかったですね」（全青協「おしえの泉」85号）

金沢先生が嘆じられるように、こうした心情教育は学校ではできないようです。家庭こそその場なのに、家庭にもそのコーナーを見ないようになりました。人間が人間とだけしか交《まじわ》れないのはお寒い限りです。人間は目に見えないものとの交りをもって、はじめて人間同士が楽しくつきあえるのです。

この点を忘れた心の隙間《すきま》が、地獄へのけもの道となりました。この点に気づいたあなたは、いますぐに、この心の、隙間をふさいでください。

地獄の苦を「しだいに消滅する（以漸悉令滅《いぜんしつりょうめつ》）」ということです。

「餓鬼《がき》」とは永遠の欲求不満のこと

次の「鬼」つまり「餓鬼《がき》」も六道の一つで、福徳の乏しいものがいるところで、いつも飢《うえ》と渇《かわ》きに悩まされています。たまたま食を得ても、口の傍《そば》まで持ってゆくと、たちまち火炎を発して食べることも飲むこともできないのです。

六道は六趣ともいうことは、すでに述べましたが、また住むところの意味で「六界《ろっかい》」といいます。私たちの心の好まぬ状態の世界ではありますが、観念的に流してはなりません。なぜなら人生の実景なのですから――。

源信の『往生要集』には「物おしみをし、貪《むさぼ》り、嫉《ねた》み、妬《や》くものが堕《お》ちる」とされ、五百年間にわたって苦しまなくてはならぬと記されています。いろいろの意味で今日こそ『往生要集』を読む必要があります。

「鬼」は人間が死後に供養《くよう》されないときになるものだと古代インドでは考えられましたが、仏教の経典では、地獄の番人の鬼や夜叉《やしゃ》や羅刹《らせつ》などの凶暴性のものを餓鬼同様に「鬼」と総称しています。また、鬼は外界にだけでなく、私たちの心中に住んでいて、ときどき私たちを内面から迷わせます。あるお寺の掲示伝道板で『ほんものの鬼は、人の面をかぶっている』と教えられたことがあります。鬼はまた、永遠に生きのびます。

「誠ニ知ンヌ、悲シキカナ親鸞《しんらん》、愛欲ノ広海ニ沈没シ」（『教行信証《きょうぎょうしんしょう》』信の巻）は、現代人の嘆きそのものです。

餓鬼《がき》は、飢渇《きかつ》で悩むとともに、飢渇が満たされても、なお満足できぬ欲求不満をいいます。それどころか、十分に満たされていることに言いようのないいらだたしさを持つ人のことで、現代語のガメツイ・イライラ・ギスギス・カラカラといった一連のカタカナで象徴される心情が「餓鬼」です。

「地獄草紙」に見る餓鬼の表情は、これらを明らかに示しています。怒りのために毛髪は逆《さか》立《だ》ち、眼は血走り、爪は長くのびて、摑《つか》んだら放さない猛烈さが図柄になっているのは、見るのも恐ろしいくらいです。またノドは極端に細いのに腹はずばぬけて大きく、しかも空《から》っぽです。ノドが細すぎて腹が大きすぎるとは、永遠に満腹することのない欲求不満の象徴です。かたはしから摑《つか》みとっても、なお満足しようとしないのが餓鬼です。

さらに、餓鬼は飲食物を口のあたりに持ってゆくと、みな炎となって口に入れることができない悲しみと苦しみに責められます。これはけっして荒唐無稽《こうとうむけい》のつくり話でなく、人の好意を好意として受けとれず、すべてを悪意と解して自分も苦しみ、他者をも苦しめる自我意識の強い人のことです。

釈尊の教えに登場する怪獣は、現代のマンガと違い、いずれも苦悩と思想を持っています。しかも、ショー的存在ではなく、いずれも自分自身の投影なのです。餓鬼のすがたと心情を学んで、よそごとでない、わが姿にほかならぬとの痛みを実感できたら、餓鬼道に住みながらも安らぎが保てるのです。

ということは、まず自分だけが「脱餓鬼」をして楽になろうとのエゴ的なガメッサを反省します。すると、他の苦悩に同化し、呻吟《しんぎん》しながらその重荷を少しでも担《にな》ってあげようとの利他心が生まれます。それが苦の海の中にあって苦に沈まないということです。

「飢餓仏《きがぶつ》」は私たちの姿・人間の原点

餓鬼は「足《た》ることを知らない」心情です。すると、餓鬼の苦を救うには「足ることを知る」英知を身につけることです。欲望に流される現代人は、欲望とは、終止符も読めず、停止信号も無視する暴走車であることを知らないのです。

たしかに、人間の欲望の満足を追求するところから文明は発達しました。しかし、欲望の性格としてブレーキを持たないから文明は暴走をはじめて、すでに車止めも突破してしまいました。人間が作った文明が、今では食人鬼になっています。この文明にブレーキをかける術《すべ》を学ぶのが何よりの急務です。欲望追求は文明を生みましたが、足ることを知る英知は文化を生みます。

私たちが、観音を信心するのは、この英知の目ざめを願うのです。文明と文化の協力がなければ、人間は正しい幸福な生活はできません。人間の貪婪《どんらん》な知識を、みずから制御《せいぎょ》する高次の人間のはたらきが知恵の力です。観音を念ずれば、自然に欲望に「待った」をかけることができるのです。

さきごろ、タイ国から帰った人が、かの地で拝んだ「飢餓仏《きがぶつ》」の印象を話してくれました。等身大のブロンズ像で、やせほそった身体に露出する肋骨《ろっこつ》が一本一本すけて見えるいたいたしさが、きわめてリアルに表わされていたそうです。とくに、その口は空に向けて悲しげにあけっぴろげておられるのを見たときの苛烈な感動を、身ぶるいしながら語ってくれました。

飢餓仏——なんという厳《おごそ》かな名でしょう。現代の日本人は食物には飢えていません。しかし、ただ食べて自動的に生存しているだけで、胸中を空しく風が吹きぬけているのではないでしょうか。

飢餓仏——それは、私たちの姿です。仏像は人間的な苦悩を離れずに、しかも人間を超《こ》えた悲しみと美しさをたたえた人間の原点を表わされたものです。心がうつろになると、肋骨がすけて見えるように、胸中の醜い考えが外からまる見えになります。

観音さまは、ここでブロック・サインで救いを指示されます。右の第二の手に「如意宝珠《にょいほうじゅ》」という宝玉を持たれるのがそれです。如意は、もとはインド人の持つ孫の手（背中をかく道具）で、〝思うように〟の象徴です。欲しいものを何でも取り出して願いを適《かな》える宝の珠です。右の第一手は思惟《しい》のサインを、そして第二手の宝珠の印契《いんげい》のブロック・サインは、私たちに何を教えられるのでしょうか。

欲の深い人は、施《ほどこ》すことを嫌います。施すのは、損をすると思うのでしょうが、それは誤りです。「呼吸」とは、呼《は》くこと・吸うことですが、「呼《は》く」字が先行します。坐禅のはじめには、体内の空気を全部呼《は》き出します。まず呼《は》くことを覚えるのです。同様に、しがみつくことよりも手から放すことをさきに学ぶのです。死んで持ってゆけるものは何一つないのだ、おちついて腹をすえよ、ということです。ここに与えよ、与えることが与えられることだよと、観音さまはその人を凝視されています。

観音さまを念ずるなら、観音さまのこころを読まねばなりません。でないと、ブロック・サインを読みそこないます。観音さまのこころは、いつでも「人々よ、しあわせであれ！

早くめざめよ！」と念じつづけられるのです。
如意とは、思うように背中がかける孫の手だと申しました。そのように、かゆいところに手の届くように人に親切にしなさいということです。この尊いこころを貯《たくわ》えている宝珠《ほうじゅ》こそ、ほとけに願望を求めているあなた自身のこころではないか——との指示です。いうなれば如意宝珠とは、自由心・自在心です。観世音の別名「観自在」を象徴するのもこの宝珠です。

「毎日が悲しく、毎日が楽しい……」

昭和十二年のことです。私は、故人となられた先輩にあたる中野東英《なかのとうえい》師とともに、東北管区の国鉄従業員に講演に行き、天童《てんどう》温泉に一泊したことがあります。そのとき、私たちの受持ちの女中さんの態度が素晴らしく、それはサービスというようなものでなく、心からの接待ぶりに旅の疲れもとれて、「苦労を重ねた女性だ」ということを私たちは痛感しました。
翌朝、お茶を持って来てくれました。ふと見ると、二人の客なのに三つの茶わんにお茶をいれ、二つを茶托《たく》に載せて私たちにすすめ、一つをそのまま火鉢の側において、そっと合掌するのです。中野さんも不思議に思ったのでしょう。理由を聞くのですが、恥ずかしげにうつむき、首を左右にして真相を明かしません。

ようやく、彼女が、当時まだ「支那事変」といっていましたが、その遺族だということがわかりました。覚悟はしていたが、遺骨を前にしたときは、幼い女児を抱えて目のくらむ思いだったといいます。

その後、すすめられて旅館づとめをします。つとめは苦しくないが、「ただ亡夫はお茶ずきでした。しかし、奉公《ほうこう》の身では仏壇を女中部屋にまつることもできず、墓参も怠りがちで、自由にお茶が供えられないのが悲しいのです。私は観音さまを信心しますので、お客さまにお茶をさしあげるときは、心に観音さまを念じて、お茶をつがしていただきます。火鉢の傍《かたわ》らのは亡夫へ供えるお茶でございます。失礼お許しください」と両手をついて詫びる彼女の双眼にあふれるものを見て、私たちはぐっと胸にこみあげるものを感じました。

私たちは、こもごも慰めつつも教えられたのです。観音さまにお茶を献じるこころで、一夜の旅人にお茶をすすめ、亡夫にお茶を供えるこころで客に接するまごころが、彼女の人生を支えているのです。なまやさしい奉仕でない理由が判明しました。

私は「観音の行は無数のほとけに侍《つか》えて、清らかな願いをたてた」と紹介しました（83ページ）が、彼女は毎日のお客に仕《つか》えてこの清らかな願いを実行しているのです。奉仕ではなくて「供養《くよう》」です。客に供《すす》めつつ自他のこころを養っているのです。中野さんと私はこもごも申しました。

「人間は、運命につくられつつ運命をつくってゆくもので、それが業《ごう》です。あなたの身のこなし、言葉の調べ、心のかまえ方で、これからのあなたの運命が展開してゆくのです。あなたは悲しい業《ごう》を担《にな》っているが、あなたのおかげで、私たちは昨夜からずっとしあわせです」

と手を合わせていうと、彼女も合掌して大きくうなずきながら答えてくれました。

「ありがとうございます。私は、毎日が悲しいのですが、毎日が楽しいのです――」と。

毎日が悲しいが、毎日が楽しい、とは矛盾のようだが、実はこれが人生を真剣に生きる者の実感でしょう。自分の経験した業苦《ごうく》を縁として、自分の出会う身近の人によくしてあげようとのつきせぬ願いが如意宝珠です。

このブロック・サインをこころで読めると、欲しい、惜しい、つかみたいとの生活をしながら、しかも人間性にめざめた生き方ができるのです。

「畜生《ちくしょう》」とは尊厳な生命に無自覚のこと

三悪趣の第三が「畜生」です。梵語でティルヤンチといい、傍生《ぼうしょう》・横生《おうしょう》とも訳されます。人間の傍芽《わきめ》のように横に派生する意味です。畜生の字義は〈人に畜《やしな》われて生きるもの〉ですが、源信は『往生要集』で「悪業《ごう》をつくり、愚痴の多いものが死後に生まれるもの」と教えます。

私たちは、よく「万物の霊長」といいますが、釈尊は「人間は万物の霊長でなく、万物の中の一物」と教えます。従属関係でなく、同朋《どうほう》関係にあるのです。私たちは、また「犬猫」とか「畜生」といいますが、彼らも本来は人間にほかならぬものです。他者ではけっしてなく、ある日、あるときの自分のすがたにほかなりません。

この点、他の宗教が人間と動物間に絶対的段落を設けているのと違います。万物の霊長と自選するのでなく「一切衆生《しゅじょう》——生きとし生けるものみなすべて」と同列に人間を置くのです。したがって「動物愛護」という恵む立場ではなく、いわゆる畜生を「悉有仏性《しつうぶっしょう》」の「信」で敬愛するのです。

「悉有仏性」は、釈尊のさとりの内容で、仏教の世界観です。この「観音経」が収録されている「法華経」につづく「涅槃経《ねはん》」に、「一切衆生は悉《ことごと》く仏性を有す。如来《にょらい》は常住にして変易あることなし」。つまり、「すべて生あるものは、みなほとけのいのちを持つ。ことごとく、ほとけとなるべき本質をつぶさに持っている。このゆえに如来に等しい。如来に等しいから常住にして変易（かわること）はない」という教えに基づくのです。

行基菩薩《ぎょうきぼさつ》（奈良時代の高僧、橋をかけたり池を掘ったりして世につくした。七四九没、八十二歳）の歌といわれる「ほろほろと鳴く山どりの声聞けば　父かとぞおもう母かとぞ思う」にこの真義がこめられています。

また、最近まで念仏行と窮民救済に一生をささげた浄土宗の颯田本真尼《さったほんしんに》（一九二八没、八十四歳）は弟子たちに、「路傍で、犬や猫や牛や馬に出会ったら、次の世はよい人間に生まれられるようにお念仏を唱えなさい」と教えられたのも、この道理からです。

石田瑞麿《いしだみずまろ》博士は、「人間と畜生とは、たまたま、いまこの生において、そのような姿をとって異なっているだけで、実は大差はない」（同氏著『悲しき者の救い』）と意味深い極《きわ》めをつけておられます。人間と畜生は共同祖先を持っているから傍生《ぼうしょう》・横生《おうしょう》と漢訳されたのです。

以上の仏教の教義を人間の生活に接点を求めるなら「互いに他を餌食《えじき》（犠牲）とし、害しあわなければ生存できないと思いこみ、真のいのちの尊さを自覚していない状態」にあたります。

したがって、人間と犬猫との別なく「いのちあるものが、それぞれほとけのこころを保有しているのに気づかずに、ただ『生存』している」無自覚状態を指向しているのです。さしあたり〝人間じゃない〟という言葉がこれにあたるでしょう。

人間じゃない——それは人間であって、人間らしからぬものを内包している——また、それであるから人間と名づけられるのですが——点に気づかず、したがって、痛みも悲しみも感じないのです。

本能のままに、何の反省もなく動きまわるのが畜生です。彼らは性本能のままに行動しますが、「交尾期」以外はあまり衝動的行動に出ないのも、すぐれた本能でしょう。しかるに、人間は性本能は持っていますが、制圧本能をどこかへ置き忘れています。自我を満足させ、本能を充足させるだけに一生を動きまわったら、心の安らぎもなく、厳密な意味での満足はけっして得られないでしょう。

ここに、永遠なるもの、今の場合、観音さまに念じて、畜生心をセーブするのです。自分で自分を抑制できない恥じらいと悲しみを持って念じつづけるなら、「しだいに消滅する(以漸悉令滅《いぜんしつりょうめつ》)」のです。

傷つけあわねば生きられないか？

源信は、さらに畜生の特徴に、愚痴《ぐち》と恥知らずをあげます。愚痴とは「知らなければならぬことを知ろうとせず、知らなくてもよいことは、教わらなくてもよく知っている」ということです。その意味での無知です。

いわゆる畜類は「自分が生きているとはどういうことであるか、何によって生かされているのか、いのちとは何か、生きるとは、久遠の願いによって生かされている事実を、知らないし、また知ろうとの意欲を持たない」のです。

現代人は、とかく、どうでもいいことはよく知っています。しかし、大切なことを知ろうとはしません。ただ「空《むな》しく生きている」に過ぎないので、この「現代のような生き方」を「畜生」というのです。

畜類は、害しあい、傷つけあい、殺しあわなければ生きられない。ときには、共食いをしても恥と思わず、そのつぐないをしようともしないのは、永遠のいのちを知らず、生かされて生きる大切な事実に無知だからです。この点は、遺憾ながら、現代の人間社会にも明らかに見られる現象です。

今は、個人だけが地獄に堕《お》ちているのではありません。政党も、組織も、マスコミも、宗団もそれぞれ害しあい、傷つけあっている地獄図絵です。「観音経」を読むとき、つくづくこのことを思い知らされます。みんながしあわせになるために正しい生き方にもどるように、個人だけでなく、社会全体が、国ぐるみ救われるように、畜生を脱皮して人間に帰らなければなりません。

観音さまは、このとき次のブロック・サインで教えを説かれます。

如意輪観音の右第一手の「思惟《しい》」のサインは前と同じです。この思惟のサインは、いつでも出されているのですが、目先のことばかりに気をとられると、つい見落としますから注意が肝要です。「常によく考え、深く思うこと」と、絶えず自分に呼びかけるのです。

つぎに、観音さまは、右第三手は、数珠《じゅず》でサインをしていらっしゃいます。数珠（ずず・念珠《ねんじゅ》ともいう）は、私たちが、ほとけを礼拝するとき手にかける、念仏《ねんぶつ》の数を数える用具です。珠の数は、百八（無数の意）の煩悩《ぼんのう》を静める意味で百八個が原則です。〝心を静めよ。おちつけ〟のサインです。

命の重さは蚤《のみ》・虱《しらみ》でも人間と同じ

念仏――といえば「南無阿弥陀仏《なむあみだぶつ》」と唱えることだけのように思われますが、それに限りません。真理を心に念ずること、この真理を表象した仏の名を念ずること、さらに口に出して唱える（称名《しょうみょう》・唱名《しょうみょう》という）ことをいいます。要するに、あなたが信心する仏・菩薩を念じたらいいのです。本書の場合は、「観音さま」を念ずるのです。何べんでも数珠を手にかけて念じつづけると、心がだんだん静けさを取りもどします。かくて畜生の苦しみが、しだいに薄らぐのを、この経文は「以漸悉令滅《いぜんしつりょうめつ》」と証明します。

私が戦後、巣鴨《すがも》プリズンに戦犯の人々を訪ねたことを記しましたが（131ページ）、そのとき、手製の素朴《そぼく》な数珠を持っている旧軍人に会いました。若々しい青年ですが、ときおり食事に配られる梅ぼしの種を隠し持ち、ひそかに穴をあけ、作業のときに拾ったヒモをつなぎあわせてそれに通してつくったのです。

「心が荒れてどうにもならぬときに、これをつまぐりながら、念仏を唱えます」と静かに語ってくれました。「わがこころ　おじゅずのまろさと　おぼえけり」とは、そのとき彼が口ずさんだ句です。「わがこころ　おじゅずのまろさ」と覚《おぼ》え、覚《さ》めたとき畜生のような心は昇華するのです。

私たちは、犬猫を葬るとき『如是畜生発菩提心《にょぜちくしょうほつぼだいしん》』と唱えます。「このような畜生でも、どうぞ菩提心（さとりを求める心）をおこすように」との願いです。それは、そのまま私たちの畜生心が正しいこころに生まれかわるように――との切なる願いにほかなりません。

畜類と人間は、ともに万物中の同朋であり友人です。いや、行基《ぎょうき》菩薩は「父とも母とも思う」のです。現代人でも、戦争中の軍歌の〝取った手綱《たづな》に血が通う〟に共感が持てるでしょう。とかく、畜生に堕《お》ちやすい私たちは、畜類を心から愛護する以上に、「同じほとけのいのちを持っているのだ」と敬愛してゆけば、人間に宿る畜生心はだんだん高められてゆくのです。

とくに、悲痛にうちのめされた人間は、畜類の中に大きないのちが拝めるようになるものです。小林一茶《いっさ》（一八二七没、六十四歳）は、わずかの間に妻と四人の幼児を亡《な》くします。すると、今まであまり関心を持たなかった、周囲の生きものを見る眼が変わってくるのです。

「生きとし活《い》けるもの、蚤《のみ》・虱《しらみ》にいたる迄《まで》、命惜しきは、人に同じからん」（一茶『おらが春』）

生きとし活けるもの、それは仏教でいう「衆生《しゅじょう》」です。命惜しきは人に同じ――という万物中の同朋・友人として愛と悲しみをともにすることができるのです。颯田本真尼《さったほんしんに》は、道ゆく牛馬にも念仏を唱えよと教えましたが、禅者も「鳥類畜類に至るまで、合掌礼拝の心で愛護せよ」といいます。いずれも観音さまの右第一手を頰にあて、右第三手に数珠を持った「思惟」と「念仏」のブロック・サインどおりに生きてゆくなら「畜生」に堕ちることなく人生を歩めるのです。

昔は、亡き人の冥福《めいふく》を祈って観音さまやお地蔵さまを石に刻ませて、街道や墓地に建てたのも、生き残った人も畜生や地獄や餓鬼道に堕ちないようにとの願いにほかならないのです。

馬頭観音さまもそうです。「馬の病気と安全を祈る」ために信じられたともいわれますが、畜類の馬をも観音さまと拝む心情が、人間の畜生心を昇華するのです。この素朴な信心の中に、深い人間性を感じます。

選ぶ自由のない関係「親と子」

「種種諸悪趣　地獄鬼畜生」――さまざまな悪趣、地獄・餓鬼・畜生と、三悪趣の難を説く「観音経」は「生老病死苦」――誕生・老衰・病気、そして死のいわゆる四苦と対決します。

昔から、四苦のうちの老病死については詳しく説かれますが、生の誕生苦があまり見られないのは、どういうわけでしょうか。釈尊も居城を脱出して出家された直接の原因は、老人・病人・死人にめぐりあい、最後に修行者の粛然とした姿に魅入られたとの説話がありますが、「生苦」は表面に出ていません。

もっとも、釈尊は生後七日にして生母と死別された悲しみは、いつも胸中に黒い影となっていたに違いないのですが、やはり生苦より死苦が先行したのではないでしょうか。釈尊が、「生苦」をはじめて取り上げられたのが、処女説法（初転法輪《しょてんぼうりん》という）の地、鹿野苑《ろくやおん》と思われます。

私は、「生まれる苦」とは、親を選ぶ自由のない子と、子を選ぶ自由のない親との出会いを、不思議な事実とも、厳粛な事実とも考えないところに生じるものだと思います。親を選ぶ自由がない、との厳粛な出会いを痛感したときに、親への謝念が生まれます。

子を選ぶ自由がないとの不思議な出会いをかみしめると、子への謝念が生まれます。親の恩はわかっても、子の恩はわかりにくい。なぜなら、親は子どもへの恵みを意識するときはあっても、子は無意識で親にふれあっているからです。それだけに、子どもの恩は尊いのです。とくに早世した子ほど、親に生きることの尊さ、人生の意味を教えてくれます。子どもの恩がわかるときが、本当の親になれたときです。親自身が、自分たちの親の恩に目ざめたときですから――。

私の母校の御田《みた》小学校は、近く、創立百周年を迎えます。先日もその準備会で、一人の同窓生が、「義務教育は、原則として入学校を選べないから、とくに厳粛感を持つ。上級学校は選択できるが、小学校は原則としてそれが許されないから、僕はとくに関心を持つ」といいましたが、出会いの不思議を痛感しなければ、こうした発言はできないでしょう。

親子ともに選びあえぬ厳粛にして不思議な出会いだから、昔の親は神仏に「子を授《さず》けてください」とか「安産させてくださいますように」と祈念したのです。出会いは、人間のはからいを越えるものであるから、人間を超える大いなるものからの凝視と、加護を願わずにはおれないのです。純粋感情がほとばしらずにはおれないのです。

私とは「空《くう》じられた存在」である

私事ですみませんが、私も両親が観音さまに念じて生まれさせてもらったのです。私の住職するこの龍源寺《りゅうげんじ》は、『江戸砂子《すなご》』や、『江戸名勝記』のような古い書物に「龍翔院《りゅうしょういん》（龍源寺の旧称）に水月《すいげつ》観音堂あり」とあり、享保《きょうほう》年間（一七一六～一七三五）には、江戸三十三所霊場の第二十四番に列し、延享《えんきょう》二年（一七四五）には二十番札所だったようで、当時の札所標識の石柱も現存しています。

この観音さまは如意輪観音で、いつのころからか安産観音・火伏《ひぶ》せ観音といわれてきました。この観音さまに父母が祈念して私は生まれさせてもらいました。

私を育ててくれた継母は、私が小学校へ入るころになると、私にお仏飯《ぶっぱん》（ほとけさまにお供えするご飯）を供える役をさせました。弁当を持って登校するようになると、弁当のまん中の梅ぼしのそばに、お仏飯の幾粒かを入れて、「お前がたっしゃで学校へ行かれるのは、ののの（ほとけ）さまのおかげなのですよ」と、毎日私に告げたものです。今でも、そのときの声が耳に残っています。

私は、何か一身上に問題が起きると、継母の声に引かれるように観音さまに手を合わせます。さきごろも『般若心経入門』を書きながら行きづまると、観音さまと師父と生母、継母、夭折《ようせつ》した孫の霊に合掌して加護を訴えます。すると、不思議と道が開けてくるのです。

ちょっと考えると意気地がないようですが、実は、「おれがした」「誰の世話にもならん。おれが一人でやったのだ」という自我心の強さや自信過剰を根こそぎ奪い去ってくれるのです。目に見えぬ大いなる力と、死んだ親たちから赤ん坊までが協力してくれたおかげで、小さな「私」など影も形もないのです。

私というものは、「心経」でいうところの「空《くう》じられた存在」だから、こだわる何ものもなく、ふわっとして、みんなにお礼がいえて楽しいのです。

「上手に歳《とし》をとってゆきたい」

次は、老苦と対決する人々への観音の救いです。文明と医学の進歩は、はからずも今までに経験したことのない大きな社会問題として「老人対策」を取りあげなければならなくなりました。しかし、まだ十分な解決策は講じられていません。この点でも新しい性格を持つ「老苦」に、当の老人層はもとより、社会も、国も対決しなければならないのです。

人間が生きているということは、大いなる力に生かされて生きているのです。同様に、人間は、大いなる力に老いさせられ老いてゆくのです。他人が老いるのではなく、自分が老いるのです。ここに、自分で自分を大切にして歳《とし》を重ねる学習が大切となります。

妙心寺の前管長で九十八歳の長命で、亡くなる数日前まで布教の旅をつづけられた古川大《ふるかわだい》航《こう》老師は、多くの弟子はあっても、家族は一人も持たない方でした。それだけに「老」の事実をよく凝視して、私にも「老人にあったらなあ、上手に歳をとるように――と告げてくれ」といわれたものです。

「上手に歳をとるように――」とは、実に含みのある願いです。良寛さまは「病気のときは、病気になるがよろしく候」といわれたそうですが、その意味を展開すると、「老人になるがよろしく候」となります。老境になっても「わしの若いときは……」という言葉が出たら、まだ老人になっていないのです。この心のズレが悩みを招くのです。

古川管長は、その後、私に「わしも、上手に歳をとるように――と自分に言い聞かせているが、上手に歳をとることが、どんなにむつかしいかを、このごろやっとわかったなあ。人間は死ぬまで学ばなければならんなあ」と、しみじみいわれたときは、私も胸がしまりました。百歳に手が届く高齢になり、一宗派の管長という最高職にあって、なおこの述懐があるのです。

この「学び」は学問的なものではないでしょう。身のこなし・言葉の調べ・心の構えを学ぶことでしょう。観音さまは、どのように「老い方」を教えてくださるでしょうか。観音像をご覧ください。

如意輪観音の右第一手の「思惟せよ」のサインは不変不動です。左の第一手にご注目ください。このお手は、大地を静かに押さえておられます。大地のように揺らぐな、ということです。あなたが言わなくても大地は何でも知っています。大地は、人に踏まれながら人を育てます。人は生きて、ついに土に帰る、ということです。

この左第一手だけではありません。これまで述べてきたすべてのサイン、さらにこれからも学ぶサインのどれもこれも、あなたの現在に引きあててごらんなさい。あなたの過去の人生が複雑であればあるほど、複雑なブロック・サインが生き生きとあなたの心に呼びかけます。そしてあなたの心中にも、それに応《こた》えるものがもくもくと起きてきます。

このサインを自分の身に引きあてながら、社会、政治の問題に取り組むのです。他を責めるだけだったり、反対に卑屈に過ぎることは、ともに上手に歳をとることにはなりません。下手な歳のとり方です。

大切な自覚〝人間とは病む者である〟

老苦につづいて病苦と死苦との対決です。病苦は生命あるものは、すべて負わねばならぬ苦しみです。たんなる肉体苦のほかに、人間には精神苦が重なるから、二重の負担となります。

私も若いときから、いろいろな病気をしました。一通りの病気をやってきただけに、なまじっかの医学知識を覚えて、ますます病気が長引くのです。学生時代に腎臓炎《じんぞう》を患《わずら》ったときなど、病床で自分で尿を試験管に入れて蛋白《たんぱく》の分量を計っては、一喜一憂したほどです。これでは治りがおそいのは当然です。

ついに、お医者さんが私に、「どうだ君、一つ分業で君の治療にあたろうじゃないか。僕は専門の医師だから君の内臓の病気は引き受けるから僕に任せろ。しかし、君の神経は僕には手術ができんから、その処理は君に任せる。さあ、二人して手分けしよう」と持ちかけたのです。

この一言は応《こた》えました。良寛さまの「病気のときは病気になるがよろしく候」が、さえざえと私の心によみがえったのです。

それからは、病気になるたびに、この「病める者の知恵」を発揮できるようになりました。たまたま病床で、鎌倉円覚寺の管長だった釈宗演《しゃくそうえん》老師（一九一九没、六十一歳）の『観音経講話』を読んでいると、陸奥宗光《むつむねみつ》（一八九七没）のお嬢さんが話題になっているのを知りました。

陸奥宗光は、日清《にっしん》戦争（一八九四〜九五）後の馬関《ばかん》条約に外務大臣・全権大使として伊藤《いとう》博文《ひろぶみ》とともに調印した人で、剃刀《かみそり》大臣といわれたほどの大政治家です。この会議中に、かね

てから病床に臥《ふ》していた娘さんが重体になります。調印式をすませて急いで帰ると、娘さんが苦しい息の中から、

「お父さん、私は死んだらどうなりますか?」と聞くので、剃刀大臣といわれた陸奥さんも答弁ができないのです。やっと、

「お父さんにもわからぬ。ただ君も知っているように、お母さんが君の病気以来、観音さまにお参りして、君の生き死にを観音さまにお任せしている。私たちは、それで安心している。それよりほかにしようがない」とありのままを答えるのです。娘さんは、この答えにホッとして観音さまを念ずるのですが、まもなく亡くなります。

私もこれを読んで気は楽になりました。同時に、このことは健康なときに十分考えなければならないことだったと思い知らされました。病気のときは病気になるがよろしく候——は、健康時には知られぬ病中の人生の風光を学ぶとともに、健康時に、健康を誇ってはならぬ。人間は病む者であるとの自覚を曇らせてはならない、ということでしょう。「おれは、どこも悪くはない!」と思い上がる人間は、病んでもけっして病人にはなりきれないのです。あわてて「命ごい」をするぶざまなことになるのです。

「こわがらずに老いよ、恐れずに行け……」

作家の若杉慧《さとし》氏は、そこをふんまえて、

「多くの人たちは、長生きがどうぞできるようにと祈るけれども、終点の死というものは、どのように解決しようにも、事実としては絶対に避けることはできないのだ。如来さまでもどうにもならぬ。むしろ、どうともできないとわかるのが仏の知恵ではないのか……」（「眉間の光」・在家仏教一〇八号所載）

この絶体絶命のとき、観音さまがあなたをみつめる目と、あなたが観音さまをみつめる目が出会うのです。「凝視」は、最高の安らぎを与えます。たよりないようですが、ぎりぎりのところは凝視以外にないのです。

人生は、重大なときはいつも孤独です。生老病死はもとより、入学試験でも入社試験でも孤独で対決しなければなりません。そんなとき、どこか遠くで見守っている「視線」を感じたら心が安らぐのです。試験場で見うける風景ですが、「お母さんはここまでです。あちらの控室であなたを見守っているから、元気で行っていらっしゃい」と見送って、わが子をみつめるでしょう。この視線を背中に感じ、母子の凝視の出会うところに安らぎがあるのです。

数年前の毎日新聞の歌壇賞を得た照井親資《てるいしんし》氏の歌が「豊かなる　念《おも》いに通う母の笑《え》み　言葉なくして　見守られつつ」でした。故窪田空穂《くぼたうつぼ》先生は、

「『豊かなる念い』は宗教に生きる人の心境であり、また理想としている仏法の境地と思われる。作者は『母の笑み』に現世でのほとけを観ているのであろう。下句の『言葉なくして見守られつつ』に、この境地がしっかりとつきとめられている。母が子に対する甘さではなく、高いものに観られている自己を自覚している。宗教の心であろうか」

と評しておられます。「高いものに観られている自己を自覚する」の一言の含みの深さ。この凝視がないと人間は不安なのです。

唐木《からき》順三氏が「先生に見られているということが、一方では恐ろしく、他方では励ましになった」といわれましたが、誰しも経験のあることです。観音さまに凝視されていると自覚できると、老いるままに静かに老い、縁のままに、静かに別れのときが迎えられるのです。

「以漸悉令滅」の「観音経」の五字が、大きな安定感をもつゆえんです。

観音さまが「思惟」のサインをされるとともに、左手を胸のあたりにあげて「施無印《せむいん》」の

サインをあわせて示されます。

そして、じっと凝視されるのです。

「こわがらずに老いよ、恐れずに行けよ！　恐れはしだいに薄らぐぞ……」

(14)

厳《きび》しいこと・美しいこと

——どんな心構えが必要なのか

悲《ひ》体《たい》戒《かい》雷《らい》震《しん》　慈《じ》意《い》妙《みょう》大《だい》雲《うん》　澍《じゅ》甘《かん》露《ろ》法《ほう》雨《う》　滅《めつ》除《じょ》煩《ぼん》悩《のう》燄《えん》　㉒

あわれみの体《すがた》である戒《かい》は　雷のごとく　慈《いつく》しみのこころは　美しい雲にも似る
教えの雨を降らせて　悩みの火を鎮《しず》める

——厳しさが厳しさのままだったら、人は遠のいてゆく。
厳しさの中にも〝美しさ〟がなければならぬ。

厳しさに美があってこそ、人は近づく

同じ雷でも、ここには「あわれみの体《すがた》である戒は雷のごとく（悲体戒雷震）」となりますから、前の「雲雷」とは少し違います。

ここでは慈悲を身体と心の二つに分け「悲体と慈意」として説かれます。「慈」は梵語《ぼんご》マイトレーヤの訳で〈最高の友情〉の意味です。最高の友情とは、一定の人でなく、すべての人々に友情を抱くことです。この「慈」を中心として求道者が団体生活をするのが、まことの「教えを求める者の集《つど》い」です。「同行《どうぎょう》（禅門では、どうあんとも読む）」「同朋《どうほう》」は、みなこの最高の友情の慈心で結ばれます。この慈《いつく》しみを、美しい雲（妙雲）にたとえます。観音さまはこの慈心を持っておられます。

次に、「悲」は梵語カルナーで、原意は〈うめき〉です。他の苦悩に同感して少しでも和《やわ》らげたいとの思いやりの意味での「あわれみ」です。産婦が出産するとき、医師がともに「うーん、うーん」とうなって元気づけるのもカルナーです。このあわれみを観音菩薩が、体《すがた》で表わされます。これを「悲体《ひたい》」といいます。このあわれみを実現するために「戒《かい》」を実践するのですが、その励行を「雷のごとく（悲体戒雷震）」とたとえられます。雲雷も怖ろしいが、雷震も厳しい存在です。

このように観音菩薩を悲体と慈心（意）の二つにわけたのは、説明の便法上だけで慈と悲を身体に止揚《しよう》して象徴されます。そして、この「慈悲」の身体を包む衣服に「戒」が表象されます。

観音像をご覧ください。頭の冠から首や胸にかけるペンダントやネックレス、さては耳のイヤリングまで装身具（これを瓔珞《ようらく》という）でいっぱいでしょう。この瓔珞は人間のアクセサリーではありません。身体を「戒」で飾る意味を表わしているのです。

釈尊の教えを実践するには、必ず修めなければならない三つの基本点があります。それを戒《かい》・定《じょう》・慧《え》の三学といいます。「定」は心を静めること、「慧」は知恵（智慧）、自分に内在するものを学ぶのです。

第一の「戒」は、悪をおさえて善を修めることで、五戒十戒から、二百五十戒までありますが、つづまるところ、一切の悪を止める（摂律儀戒《しょうりつぎかい》）・すべての善を行なう（摂善法《しょうぜんぼう》戒《かい》）・みんなのためにつくす（摂衆生戒《しょうしゅじょうかい》）の三つの戒（三聚《じゅ》浄《じょう》戒《かい》という）に帰着します。

私は、この三聚浄戒をだれにもわかるように、

小さいことでも　少しでも

悪いことは　避けて　善いことは　勤《つと》めて
他《ひと》には　好くしてあげよう
これが　みほとけさまの　誓願《ねがい》です

とすすめています。

このように、戒は悪を止め善を修める（止悪修善《しあくしゅぜん》）のを目的とするから、第一に「いましめ・つつしみ」の性格があるのは申すまでもありません。この厳しさを美しさとして観音さまの瓔珞《ようらく》に表わします。厳しさが厳しいままだったら窮屈で、人は遠のいてよりつけません。厳しさが美しく見えてこそ人は近よって来ます。今は、人を使うのがきわめてむずかしい時代ですが、〝美しい厳しさ〟とはどんなものであるかを、観音さまのお像に接して実感してください。

「人は悪を犯さなければ生きられない」

戒は、第二に「おしえ」の性格を持っています。止悪修善で人間が人間になれるのなら、世の中は道徳と法律で十分なはずです。

悪をしてはならぬ、善はしなくてはならぬ――ということは、子どもでも知っている。しかし、それを実行するのはむずかしい。自分でも困難なのだから、あいつができないのは、まあ仕方がないという同感同苦を味わうことです。戒が厳しさの中にも、あわれみ（悲）を宿す点がここにあります。

また、人間は知らずに悪を行ないます。悪を行なって悪とも意識しない場合もあります。この無意識悪に気づいて、人間コースの過《あやま》ちを修正するのが戒ですから、「おしえ」の性格を持ちます。

さらに、人間は生きるためには何らかの悪を犯さねばなりません。いわゆる生きるための必要悪です。生命を大切にしなければならぬことはよく知っていても、他者を犠牲にして、はじめて私たちの生命が保たれるのです。魚や鳥を殺すだけが殺生《せっしょう》ではありません。小麦も水も野菜もみな生きているのです。

必要悪の中には、政治の貧困や社会の組織からくるものも確かにあります。だからといって、他を厳しく責めるだけでは解決になりません。「生きるとは悪を犯すことだ。悪を犯さなければ生きられないのだ。悪を犯すのが罪になるとともに、生きることも罪を重ねることだ。しかもなお生きねばならないのだ」という胸の痛みを感じて、他者だけを責めきれぬところに、厳しさの中に悲しみを感じます。

人間は、法律や道徳など、他律的な働きかけだけではしあわせになれません。安らぎがないからです。悪と知りつつ悪をしなければ生きてゆけないのだから、どういう生き方をしたらいいのかとの教えが恋しくなります。戒に「おしえ」の性格のあるゆえんです（この生き方の教えが五戒・十戒と展開されますが、ここでは触れる余裕がありません）。


他者の悲苦を、自分の悲苦として……


戒は、第三に「具《そな》わる」の性格を持ちます。私は、人間は他律的命令や規範だけでは、しあわせになれぬと申しました。やはり、人間の内側から起きる誓いと願いがないと安らぎが得られないのです。他の悪を自分の悪とし、他の苦しみを自分の苦しみとして受けとれる「慈《いつくしみ》」という名の深い友情によらないと、救いとはなりません。

一滴の涙もないと思われる恐ろしい殺人犯人でも、目前に子どもが何かの危難に瀕《ひん》したら必ず手をさしのべる「友情」は持ちあわせています。

島秋人《しまあきと》は、殺人強盗罪として先年刑死しました。重罪犯人でしたが、罪を悔いてからの模範囚ぶりと、歌作にさんげの生活をうちこんでの精進《しょうじん》に、「獄窓の歌人」として世間から愛され、外国人からも同情をうけて減刑嘆願もされたが、許されませんでした。彼の遺詠に「手のひらの小さき虫がくすぐりて死刑囚われに愛を悟《し》らしむ」があります。

万物の霊長としての人間ではなく、命短き友として小さな虫との共感があるのです。自分を愛《いと》しむそのままに虫を愛するこの慈悲心は、けっして他から教えられたものではありません。誰にも、死刑囚の心にも生まれながらに具《そな》わっていたのです。心の深層に埋《うず》みこめられているのです。島秋人も、もっと早くこのことに気づいたら罪を犯さなくてすんだでしょうに——。

いや、他人ごとではありません。本来具備され、埋みこめられている、この慈愛の大慈悲のこころを早く自覚しないと、私たちは重大犯人となる可能性を十二分に、これまた具備しているのです。片時も早く、よい教えに触れねばなりません。

この戒が埋みこめられている身体という意味でも「戒体」というのです。そして、すべてを愛さずにはおれぬ友情と、他の悲苦を自分の悲苦として呻《うめ》くあわれみを合わせて「大慈悲心」といいます。大とは大小の大ではなく、人間と否《いな》とを問わず、すべてをひっくるめた平等の意味です。この大慈悲心が、ほとけのこころであり、ほとけのいのちです。観音菩薩のこころ・観音菩薩のいのちです。この戒体の厳しさと美しさと、慈悲心の深さとを、それぞれ「雷のごとく・妙雲のごとく」と表わされ、さらに観音さまの瓔珞《ようらく》に表現されるのです。人間のぐうたらの生活は醜いが、規律ある生活は美しい。しあわせもまた規律ある生活がもたらすのです。

「わが物であって、わが物でない」

さる戦時中のことです。私のいとこであり、おとうと弟子でもある葛谷醇一《くずたにじゆんいち》は、国学院大学を卒《お》えてから岐阜《ぎふ》市瑞龍《ずいりよう》寺僧堂で修行中に召集を受けて、当時の名古屋師団に衛生兵として入隊しました。夏の暑い日、ひょっこり彼は私を訪ねてくれました。聞けば、いよいよ出征するらしいので外泊許可をもらって来たといいます。ところが、途中で爆撃を二回も受けたので、名古屋から二十時間もかかって、やっと東京へ着いたほどだ。これでは、一泊すると帰りが心配だから、すぐに帰る、と汗をふきふきいいます。

とっさのことなので、何も土産物がありません。ただ彼は私に似て煎茶《せんちや》が好きです。彼がご本堂へおまいりをしている間に非常袋から、取って置きの宇治の玉露《ぎよくろ》を彼に分け与えるとともに、別れのお茶を飲みあいました。そして、帰りの車中で彼が飲むようにと、彼の水筒を引きよせると、彼はこれを断わって、「せっかくなら兄さん、台所のお湯か番茶をくだ

さい」といいます。私は思わず、

「この場になって遠慮するなんて、水くさいぞ」と鼻白んでいったものです。

「いや、遠慮じゃないんです。自分が飲むのなら、ビールでも入手してくださいと頼みますよ。自分たち衛生兵の水筒は、看護のために持っているので、戦傷兵や重傷兵の戦友に飲ませるためなのです。みんなの預かりものです。少量の湯や水でも元気を回復してくれるし、一滴でも瀕死の将兵の唇を、故郷のご家族に代わって湿すこともできるのです」

彼は、私の好意を無にするのをいかにも申しわけなさそうに、

「戦場に限りません。今も途中の爆撃で、多くの地方人（一般国民をさす軍隊用語）が負傷したので、自分の水筒が役立ちました。帰りにも空襲があるでしょう。病人や怪我《けが》人には濃いお茶や冷水は避けるほうがいいのです」と、台所に立って冷えた番茶を水筒に入れて、そのまま出かけましたが、彼はついに帰りませんでした。「昭和十九年七月十八日、サイパン島で玉砕戦死」との公報を受けただけです。

番茶の入った水筒を肩にかけて、「お兄さん、ながい間お世話になってありがとう。さようなら」と挙手の礼をして去った葛谷醇一の後ろ姿がまだまぶたに残っています。私は、彼の遺骨を収集していないのを、すまないと思います。サイパンに置いたままではかわいそうで

す。今の私にできることは、たとい旅をしていても毎月十八日の命日に、出先で彼の好きなお茶を供え、読経することだけです。

〝わが物であって、わがものでない、みんなのものである〟との預かりものという「戒」を守り通した彼に、厳しさの中にある美しさを感じます。それは、すべての人にふわっと覆《おお》いかかる慈悲の雲だから、経に「慈《いつく》しみのこころは、美しい雲にも似る（慈意妙大雲）」と述べられるのです。私は、やはり戦災死して頭蓋骨《ずがいこつ》しか残らなかった継母の法号にも『慈雲院』とおくりました。

葛谷醇一は若くして孤島で死にました。しかし、〝みんなの預かりものです〟との一言は、今日の豊富な経済生活をしている者には、とくに記憶すべき言葉だと思います。

(15)

失意と悲しみのとき

——ただ一人だけで生きられるか

真観《しんかん》清浄観《しょうじょうかん》　広大智慧観《こうだいちえかん》　悲観及慈観《ひかんぎゅうじかん》　常願常瞻仰《じょうがんじょうせんごう》 ⑳

妙音観世音《みょうおんかんぜおん》　梵音海潮音《ぼんのんかいちょうおん》　勝彼世間音《しょうひせけんのん》　是故須常念《ぜこしゅじょうねん》 ㉔

清らかな眼　慈《いつく》しみの眼　理性と知恵の明らかな眼

あわれみの眼　汚れなき眼は　世の闇を照らす ⑳

妙《たえ》なる音　世を観ずる音　浄《きよ》き音　潮《うしお》のごとき音　世に勝《すぐ》れたるみ声かな ㉔

——私たちの周囲にも、だまって私たちをみつめ、元気づけてくれる声と姿がある。

観るとは思うこと、つかむこと

すでに記しましたように「観音」とは「音を観る」という熟字です。そして、この異様な表現を必要とする観世音菩薩の思想については、不完全ではありましたが、以上で一応の学習を終わったことになります。

ここでは、普門品偈《げ》の第二十番、「真観清浄観　広大智慧観　悲観及慈観　常願常瞻仰」の「五観」と、同第二十四番「妙音観世音　梵音海潮音　勝彼世間音　是故須常念」の「五音」とを対比して「観音経」のまとめに近づきたいと思います。

まず普門品偈の第二十番の漢訳を和文に読み下すと「『真観・清浄観・広大なる智慧観・悲観及び慈観』の五つの観を常に願い、常に瞻仰《せんごう》せよ」となります。いわば、人生観であり世界観です。

真観は、般若《はんにゃ》の空観。清浄観は、浄不浄に執《と》われない観察。広大なる智慧観は、空しさや虚無観の見方に落ちこまぬ中道観。悲観と慈観は、人の苦悩をわが苦悩と観じ、すべての人を友人と観じてゆく平等観です。

このように普門品偈をクモラジュウは漢訳していますが、その原典の梵文からの訳文（坂本幸男・岩本裕訳註『法華経』下・岩波文庫）には、

「輝かしい眼の持主よ、慈眼の持主よ、理智と智慧の顕著な眼の持主よ。憐れみの眼をもち、清浄な眼の持主よ。美しい顔と美しい眼を持つ愛らしい者よ」と観音さまを、素晴らしい「五つの眼の持ち主」とたたえる美しい詩になっています。

また普門品偈第二十四番の漢訳を読み下すと「妙音《みようおん》・観世音《かんぜおん》、梵音《ぼんのん》・海潮音《かいちようおん》は、彼の世《せ》間音《けんおん》に勝《まさ》る。この故に須《すべか》らく常に念ずべし」となりますが、梵文からの現代語訳には「雷鳴や太鼓のように轟き、大海のように轟きわたる彼は、ブラフマン（婆羅門《ばらもん》）のごとき好《よ》き音声をもつ。アヴァローキテーシュヴァラ（観音）は、音楽の奥儀を極めており、常に心に念ずべき者である」（上掲書・岩波文庫）となっています。そして、これらの音について仏教学者は緻密《ちみつ》な考証をしています。

しかし、本書は「入門書」ですから、なるべく身近に引きあてて、観音のこころを消化したいと思います。

「観」は見るですが、向こうから見えてくるものを観るはたらきを含めます。自分が見るだけでなく、見せしめられるものを、はっきりと観るのです。だから、観ることは思うことであり、つかむことであるから、音を観るといっても不思議はありません。

前にもご紹介した故宮城道雄《みやぎみちお》先生は、すぐれた盲目の音楽家であるとともに、随想にも素晴らしい作品があります。

「庭の植木の葉にあたる雨の音で、ああ、あれはいちじくの葉だ、あれは、椿《つばき》の葉だとわかる」

と語られたことがあります。音で木の葉の色彩まで「観えてくる」ともいわれます。やはり、音を聞くというよりも音を見る、音が観えてくるというほうが正しいでしょう。

目で聞き、耳で観よ――五観五音の考え方

音はまた「声」でもあります。そこで普門品偈の上記の「眼」と「音」とを組み合わせると、

①真観――妙音
②清浄観――梵音
③広大智慧観――観世音
④悲観――海潮音
⑤慈観――世間音

の五組のパターンとなります。さらに展開すると、

①真観は、「般若経」の「空《くう》」の観方です。すべての現象は空であると観察できる眼は、執《とら》われの汚れに染まない眼です。この眼で周囲の声を聞くなら「妙音」でないものは何一つない。すべてが真理のささやきです。この妙音の人格化が「弁財天《べんざいてん》（辯天）」で、音楽や辯才、財福の徳のある天女で表徴されます。無心に啼《な》く鳥の声も、水の流れも、みな真理の象徴でないものは何一つないのです。白隠が、コオロギの声を聞いて、「法華経」の真義をさとった（25ページ）のがそうです。それは観音の知恵ですが、この知恵にめざめることをすすめるのです。

②清浄《しょうじょう》観は、常識でいう清らかさです。空観は否定の知恵ですが、清浄観で周囲の声を観察するなら、みな梵音《ぼんのん》（無垢《むく》の音）の響きを持っているのがわかるのです。梵音の代表的なのが、鐘や太鼓の音です。

森田悟由《ごゆう》禅師（一九一五没、八十一歳）は、小僧として、総持寺《そうじじ》に入寺したその夕に、鐘をつかせられます。彼のつく鐘声を聞いていた奕堂《えきどう》禅師が、彼を呼んで鐘をついたときの心

構えを問うと、彼はありのままに、

「国を出るとき、師匠が鐘をつくときは、鐘をほとけさまと心得て、ほとけさまに侍《つか》える心でつくように、このつつしみを忘れるなと戒められたので、心の中でほとけを礼拝しつつ、つきました」と答えます。奕堂は、心から悟由の心がけをたたえたといいます。梵音と清浄観がいみじくも溶《と》けあっているではありませんか。
③「広大智慧観《こうだいちえかん》」は、「理智と智慧の明らかな眼」で、空観と常識観（仮観《けかん》）とを止揚《しよう》した中道観です。この眼で周囲の声を観察するのが、観音さまの観音さまたるゆえんで、空観にかたよらず、常識的な仮観に囚《とら》われず、ありのままに聞きとれて同化できるのです。それが悲観（あわれみの眼）と慈観（いつくしみの眼）の「双眼の持主」とたたえられるのです。
ここで思い出すのが、謡曲『三井寺《みいでら》』です。駿河国《するがのくに》（静岡県）清見《きよみ》が関《せき》に生まれた千満《せんみつ》は、幼くして人買いにさらわれます。母は、わが子を訪《たず》ねて京都の清水寺《きよみずでら》にこもりつづけ、

「南無や大慈大悲の観世音さしも草　さしもかしこき誓いの末　一称一念《いちしよういちねん》なお頼みあり（中略）憐《あわれ》み給え思い子の　行末《ゆくすえ》なにとなりぬらん　枯れたる木にだにも　花咲くべくはおのずから　未《いま》だ若木のみどり子に　再びなどか逢わざらん」と再会を祈念するのです。

ある夜、夢告《むこく》（夢のおつげ）を受けて三井寺《みいでら》へ向かいますが、心痛のあまり途中で発狂してしまいます。たまたま八月十五日にあたり、寺僧は客の千満をつれて月見をしていると、狂乱の母は月光に酔うたように鐘をつき鳴らして、寺僧に咎《とが》められます。狂える母は、「許し給えや人々よ　煩悩の夢をさますや　法《のり》の声も静かに　まず初夜《しょや》の鐘を撞《つ》く時は（下略）」と鳴らしつづけます。やがて母子の対面が適《かな》えられて、狂える母は気も清々《せいせい》と、「常の契《ちぎ》りには　別れの鐘と厭《いと》いしに　親子のための契りには　鐘故《かねゆえ》に逢う夜なり　嬉しき鐘の声かな」と舞い納めます。

世阿弥《ぜあみ》の作といわれますが、本曲の中心は母子再会でなく、観音さまと鐘声です。鐘声の梵音を聞いて狂人が真人に立ちなおるのは、煩悩に狂う人間が、忽然と尊厳な人間性を自覚するのを暗示しています。常人が悲嘆のために狂人となる無常観は、梵音を聞くことによって常人に立ち返るところに、空《くう》観・仮《け》観・中道《ちゅうどう》観を表わしています。目による観、耳による音でなく、目で聞き、耳で観よ、と五観と五音は示しています。

体得すべき「聞く者と聞かれる者の同化」

私たちがよく経験することですが、ぽつりといわれた一言が、こちらの胸に静かな爆発を起こすことがあります。このときの一言は、たとい世間話的なものでも、慈《いつく》しみいっぱいの慈音です。海の潮が満ち干《ひ》きするように、私たちの心にひたひたと共感を寄せてくれたら、それが④と⑤、つまり「悲観——海潮音」と「慈観——世間音」のパターンに相当します。

私が学生時代に悪性の腎臓炎《じんぞう》を患《わずら》ったことは述べましたが、卒業まぎわだったので出席日数や卒論のことで、気持ちはいらいらする一方で、両親も持てあましていたようです。そこへ、ひょっこり北海道から伯父が訪ねてくれました。伯父も病身で病歴にも富んでいると思い、私は、あれこれと治療方法や医師の批判をするのですが、伯父はなぜか、にやにやするだけで一言も吐きません。私は自分の病気の永引くのを愚痴ると、

「腎臓病? いい病気になったなあ、痛くもかゆくもないしなあ、牛乳をうんと飲めば治るんだから、安いもんだよ!」

と、言ったきり「大切にしろ」とも言わずに帰って行きました。北海道から東京まで、ただこれだけを言うために伯父が来たのかと思うと、私はあきれました。同時に不思議と身体中のしこりが抜けたように楽になったのです。こういうのが、世間音が慈観にこめられたのだと、今でもありがたく思っています。

また、私が師父にとつぜん死なれてションボリしていると、親友の二人が、通夜《つや》から葬式にかけて私の傍《そば》に何もいわずに黙って坐って、私の手を握ってくれるのです。ただそれだけです。一言もくやみもいわないのです。彼らは二人とも早く父に別れているので、私の心中がよくわかるのです。私は、そのとき「涙の先輩！」を感じました。涙の先輩にしてみれば、後輩を慰めようと言葉に出せば出すほど、うつろに響くのを知りつくしているのです。だからものがいえないのです。黙って手を握ってくれる以外に方法はないのです。他の悲しみが自分の悲しみとしてうめくあわれみ、友情とは、こういうものであるか、と味わったことです。彼らは私にとって観音さまでした。

私は、五つのパターンを記しましたが、それは別個の存在であってはならないのです。「観」と「音」と、つまり観《み》る者と観《み》られる音、聞く者と聞かれる音の二者が対立の状態では「音を観る」観音さまの働きはできません。

鐘をほとけと心得、ほとけに侍《つか》える心で鐘をつけば、鐘はゴーンと鳴ります。この鐘が鳴るとは、鐘をうつ人もともにゴーンと鳴っているということです。これが妙音というものです。

他が悲しんで泣くときは、自分も他の悲しみを悲しみとして泣けたときが観世音です。他の音声もまた同じです。ゆえに、古人が「妙音観世音」を「妙音を世音に観ず」と受けとると、意義がさらに深まるといいます。

世の人の声に真実なものを聞きとるには、聞く者と聞かれる者とが同化した状態でなければなりません。

(16)

不安におそわれるとき

——いかなる願いをささえとするか

念念勿生疑《ねんねんもつしょうぎ》　観世音浄聖《かんぜおんじょうしょう》　於苦悩死厄《おうくのうしやく》　能為作依怙《のういさえこ》　㉕

念ずるがよい　常に念ずるがよい　念じつづければ疑う余地はなくなる
観世音菩薩こそ苦悩のよるべである

——疑うのなら、自分を疑うがよい。

〝なぜ?〟を人に問うより、自分に問え

観音さまを信ずるとは、自分を信ずることに通じます。観音のこころを思うとは、自分の中にも流れている観音のこころを思い出すことです。前に「鏡を見ることは自分を整《ととの》えることであり、自分に会うことである。ほとけを拝むのは、わがこころを調《ととの》えることであり、わがこころをみつめることである」（95ページ）と申しましたことを重ねて思い出して、信じてください。疑うな、というのは、いうまでもなく疑う余地のないことです。「法句経」に、

「おのれこそ　おのれのよるべ　おのれをおきて　誰によるべぞ　よく調えし　おのれにこそ　まこと得がたき　よるべをぞ得ん」（第一六〇番・友松円諦師訳）とありますが、「観音経」からいえば「観音さまとは、自分のことである」と気づいて自分の身のこなし、言葉のしらべ、心の構え方を調えて、はじめて「この世の苦悩のよるべ」となるのです。

「観音さまとは、自分のことである」と気づいて信ずると申しましたが、それは自分の思いあがりでなく、「気づいておくれ、わかっておくれ」との、私たちを包む久遠《くおん》の大きな願いに気づくことなのです。願うことが願われていることであり、信ずることが信じられていることなのです。ここがわかれば「疑う」という余地はありません。

それでも、なお疑念を持つ人は「久遠の大きないのちから願われ、信じられているのが、なぜ自分にはわからないのだろうか」――と、自分自身に疑いをぶっつけたらどうですか？

他を疑うことに急なあまり、とかく、自分を疑うことを忘れがちです。
あるとき、私は著名な知識人から「なぜ、信心が大切なのか？」と聞かれました。私は、ただ「あなたの言う〝なぜ〟を、私に問わずに、ご自身に聞いてごらんなさい」と申したことです。「なぜ、念仏を唱《とな》えるのか、なぜ、坐禅をしたり、読経するのか？」と問われたこともあります。このときも、「みんなができるのに、なぜ、自分だけができないのか、この〝なぜ？〟をご自分に問いつめなさい」と、やはり答えたことです。

「はい」の返事は、もう一人の自分への呼びかけ

拝むことは拝まれているのです。いや、あなたが拝まなくても、あなたが信じなくても、そんなことにおかまいなく、あなたは拝まれ、あなたは信じられているのです。あなたは、ただそれに気づかず、忘れているだけです。あなたが拝めば、あなたが信じたら、このふれあいが、すぐにわかるのです――この道理を「観音経」は、

具一切功徳《ぐいっさいくどく》　慈眼視衆生《じげんじしゅじょう》　福聚海無量《ふくじゅかいむりょう》　是故応頂礼《ぜこおうちょうらい》 ㉖

すべてのよき働きを身にそなえて　もろびとを凝視《ぎょうし》したもう

しあわせは海の如く無量である　この故《ゆえ》につつしみて礼拝するがよい

と、説きます。

他から拝まれ、他から信じられていることが、はっきりと感受できたら「しあわせは海のごとく無量なり　かるが故に　つつしみて礼拝すべし（福聚海無量　是故応頂礼）」は、さらりと了解されましょう。

「南無観世音菩薩」と唱えて、お辞儀をするだけが礼拝ではありません。他のしあわせを念じ、そのこころのめざめを願っての言葉なら「お早う！」も、「今日は！」も、「さよなら」もみなお念仏です。

このように、他を礼拝することは、自分自身を礼拝し、自分を大切にすることになるのです。「はい」という返事は他にするだけではありません。自分の中にいるもう一人の、真実の自分に呼びかけるのです。そして、自分と、自分の中の、もう一人の自分にめざめるのです。自分がほんとうの自分になるのです。返事は人に呼ばれて応えるとともに、真実の自分を呼び起こすのです。これを「唯仏与仏《ゆいぶつよぶつ》」といいます。「ただ、ほとけとほとけの出会い」です。「ただ」とは少しの隙もない、それ自体ということです。

「爾時《にじ》」とは「いま、このとき」永遠の現在

爾時《にじ》持地菩薩《じじぼさつ》　即従座起《そくじゅうざき》　前白仏言《ぜんびゃくぶつごん》　世尊《せそん》　若有衆生《にゃくうしゅじょう》　聞是観世音菩薩品《もんぜかんぜおんぼさつぼん》
自在之業《じざいしごう》　普門示現《ふもんじげん》　神通力者《じんづうりきしゃ》　当知是人《とうちぜにん》　功徳不少《くどくふしょう》　仏説是普門品時《ぶっせつぜふもんぼんじ》　衆中《しゅうちゅう》
八万四千衆生《はちまんしせんしゅじょう》　皆発無等等《かいほつむとうどう》　阿耨多羅三藐三菩提心《あのくたらさんみゃくさんぼだいしん》

そのとき、持地菩薩《じじぼさつ》は釈尊にお礼を述べた。
「ほとけよ、この観音自在の働きと神通力を聞く者は、その功徳《くどく》はけっして少なくありません」と。釈尊が、この法を説かれたとき、座にある者はみな、無上の菩提心を起こしたのである。

「そのとき（爾時《にじ》）」。この経の冒頭にも出てきた「爾時」です。それは「このとき」と同義で「いま・このとき」の永遠の現在です。また爾は「なんじ」とも読むと申しました。「あなた自身」です。ということは「私自身」でもあります。大勢で聞くのではない「あなた一人」「私一人」が聞くのです。教えを聞くときは、この心構えが大切です。みんなが聞くのだと思うと、聞く内容が水増しになって稀薄になります。そうではなく「あなた一人」「私

一人」の「この一人」だけが、いま・ここで聞くところに内容は濃縮され、密度の深い言葉が聞けるのです。

この意味での、そのとき、持地菩薩《じじぼさつ》——おなじみの地蔵《じぞう》菩薩、お地蔵さまで、史上の実在者ではありません。釈尊のさとりの内容と誓願を表象された象徴人格です。その象徴の内容は——、釈尊が亡くなられてから、次のほとけ、弥勒《みろく》仏が世に出られるまでの真理の空白時代を、多くの人々の救済の任にあたる誓願です。地上に伝えられてゆく釈尊の教えです。

「地蔵」とは、大地の蔵です。それは無尽蔵《むじんぞう》の意味もあります。しかし、さらに深く味わえば、大地は、浄穢《じょうえ》（清浄なものと、汚いものと）を差別することなく包含《ほうがん》します。浄よりも穢が多いでしょう。しかし、それであればこそ、一度大地の懐《ふところ》を通過すると、地上のものみなを生かしてゆく働きをします。ほとけのいのちとなります。そこに釈尊の教えの誓願が表わされています。古歌に「生みなさぬものとては無し土の徳　今日ひとしおに仰がるるかな」とありますが、この歌そのままの象徴が地蔵菩薩です。この「観音経」の説法のきっかけとなったのは、無尽意菩薩ですが、この菩薩も抽象人格者でありました。この経の結びの発言をする地蔵菩薩も、そのとおりです。「法華経」の舞台のスケールの大きさが感じられます。持地菩薩（地蔵菩薩）は、そういう存在のお方です。抽象的人格ですから、特定人の代表でなく、だれもの代表です。持地菩薩は余人ではありません。「あなた」であり「私」です。「私」が釈尊にお礼を申すのです。

「愚かな身の、愚かな願いを……」

「観音経」は、無尽意菩薩の質問から始まって、釈尊がお答えになる。そして持地菩薩が会衆を代表して謝辞を述べて終わるのです。最後の「釈尊が　この法を説かれたとき　座にある者はみな無上の菩提心（さとりを求めるこころ）を起こした」とあるのは、多くの経典を結集《けつじゅう》（編纂）した釈尊のいとこのアーナンダ（阿難）尊者の証明です。さとりを求める菩《ぼ》提心《だいしん》は、またみんなをしあわせにしたい、との願いとなります。今までは、自分だけが幸福であればいいとの偏見が、いつの間にか大きな菩提心にまで高められたのです。ほんとうの災難、ほんとうの幸福とは何であるかが、よくわかったのです。

このように、アーナンダ尊者から私たちは証明されたのです。これ以上の大きな利益が、またとあるでしょうか。それでも、私たちのこころにかげりがさしたら観音さまのサインを、うかがいましょう。「こう生きるんだよ」と、お目と、お手で、にこやかに黙って指示してくださる、もう一人の自分である観音さまがそばにいらっしゃるから、何も心配はいりません。
終わりに、坂村真民先生の次の詩は今の私の心境にそっくりですので、引用させていただきます。

あゝ　衆中《しゆうちゆう》八万四千衆生《しゆじよう》
皆発無等等《かいほつむとうどう》
阿耨多羅三藐三菩提心《あのくたらさんみやくさんぼだいしん》
世尊よ　あなたのお話を聞き　勇躍歓喜して退《しりぞ》いた
その一人に　わたくしも加えて下さい
愚かな身の　愚かな願いを　いつの日かかなえさせて下さい（『自選・坂村真民詩集』）

切りとり線

★読者のみなさまにお願い

この本をお読みになって、どんな感想をお持ちでしょうか。祥伝社のホームページから書評をお送りいただけたら、ありがたく存じます。今後の企画の参考にさせていただきます。また、次ページの原稿用紙を切り取り、左記まで郵送していただいても結構です。

お寄せいただいた書評は、ご了解のうえ新聞・雑誌などを通じて紹介させていただくこともあります。採用の場合は、特製図書カードを差しあげます。

なお、ご記入いただいたお名前、ご住所、ご連絡先等は、書評紹介の事前了解、謝礼のお届け以外の目的で利用することはありません。また、それらの情報を6カ月を越えて保管することもありません。

〒101-8701（お手紙は郵便番号だけで届きます）
祥伝社　新書編集部
電話03（3265）2310
祥伝社ブックレビュー　www.shodensha.co.jp/bookreview

★本書の購買動機（媒体名、あるいは○をつけてください）

＿＿＿＿新聞の広告を見て	＿＿＿＿誌の広告を見て	＿＿＿＿の書評を見て	＿＿＿＿の Web を見て	書店で見かけて	知人のすすめで

★100字書評……観音経入門

名前

住所

年齢

職業

松原泰道　まつばら・たいどう

1907年（明治40年）東京生まれ。1931年（昭和6年）早稲田大学文学部卒。岐阜・瑞龍寺専門道場で修行。昭和26年臨済宗妙心寺派教学部長。昭和52年まで龍源寺住職。全国青少年教化協議会理事、「南無の会」会長等を歴任し、各種文化センター講師をつとめるなど、講演・著作に幅広く活躍。現代の「語り部」として、仏の教えを分かりやすく現代の言葉に置き換えて、噛み砕くように説き続けた。平成元年、第23回仏教文化伝道文化賞受賞。著書多数。平成21年、101歳で逝去。

観音経入門《かんのんきょうにゅうもん》

松原泰道《まつばらたいどう》

2010年6月10日　初版第1刷発行
2024年7月10日　第3刷発行

発行者……………辻 浩明
発行所……………祥伝社《しょうでんしゃ》
〒101-8701　東京都千代田区神田神保町3-3
電話　03(3265)2081(販売部)
電話　03(3265)2310(編集部)
電話　03(3265)3622(業務部)
ホームページ　www.shodensha.co.jp

装丁者……………盛川和洋
印刷所……………萩原印刷
製本所……………ナショナル製本

Printed in Japan　ISBN978-4-396-11204-2　C0215